胡庆芳　孙祺斌　李爱军　刘文艳◎编著

有效课堂提问的22条策略

华东师范大学出版社

·上海·

图书在版编目(CIP)数据

有效课堂提问的 22 条策略/胡庆芳等编著.—上海:华东师范大学出版社,2015.6
　ISBN 978 - 7 - 5675 - 3756 - 9

　Ⅰ.①有…　Ⅱ.①胡…　Ⅲ.①课堂教学－教学研究
Ⅳ.①G424.21

中国版本图书馆 CIP 数据核字(2015)第 136560 号

有效课堂提问的 22 条策略

编　　著	胡庆芳　孙祺斌　李爱军　刘文艳	策划编辑	彭呈军
审读编辑	舒小林	责任校对	邱红穗
版式设计	崔　楚	装帧设计	陈军荣　倪志强

出版发行　**华东师范大学出版社**
社　　址　上海市中山北路 3663 号　　　　　　邮　　编　200062
网　　址　www.ecnupress.com.cn
电　　话　021 - 60821666　　　　　　　　　行政传真　021 - 62572105
客服电话　021 - 62865537
门市(邮购)电话　021 - 62869887
地　　址　上海市中山北路 3663 号华东师范大学校内先锋路口
网　　店　http://hdsdcbs.tmall.com

印　刷　者　常熟市文化印刷有限公司　　　　　开　　本　787毫米×1092毫米　1/16
印　　张　13.25　　　　　　　　　　　　　　字　　数　220 千字
版　　次　2015 年 11 月第 1 版　　　　　　　印　　次　2025年2月第13次
书　　号　ISBN 978 - 7 - 5675 - 3756 - 9/G·8419　定　　价　30.00 元

出 版 人　王　焰

(如发现本版图书有印订质量问题,请寄回本社客服中心调换或电话 021 - 62865537 联系)

目　录

序　　感受教育的脉搏：创新驱动，转型发展在传统课堂教学实践中,知识本位和理性至上的价值取向比较明显,教师主要是按照学科的结构传递学科的课程,学生主要是最大限度地接受制度化的学科内容,教师与学生在这种模式的教学过程中逐渐失去了主体间的主动以及主体的作为,而共同演绎的更多是被动与异己的存在。教师成为制度化课程的教学机器,学生成为被填充的容器,"知识的在场"和"人的缺席"成为传统课堂教学的奇异景观,教学的人文关怀被忽视。课堂教学往往始于教师精心设计过程行进的路线图,并具体细化为一步步细致且环环相扣的小步子,然后经由教师付诸课堂精确无误的演绎实施,最终达到预定的认知目的地。教学的标准化和机械化让师生一起远离了创造与活力。与此同时,社会传统文化中规训与服从的基因也惯性地渗透进课堂,加深了课堂教学文化对学生学习创造性和个性化的桎梏,在"师道尊严"的文化恪守中,学生逐渐被训练成课本知识的奴隶和功利应试的机器。

我国的基础教育课程改革现已进入到了改革的"深水区","理想的课程目标越来需要通过富有创造性的课堂实践来加以实现"。但据 2009 年全国大样本的调查发现,我国基础教育的课堂教学实践与新课程理念的精神实质尚存在不小的距离和落差,大多数教师还比较习惯于传统的教学方法,"穿新鞋走老路的现象还时有发生"。因此,基于基础教育新课程目标的课堂教学转型刻不容缓,势在必行!

在面向新世纪又一个 10 年的重要关头,我国政府制定出台了《国家中长期教育改革和发展规划纲要(2010—2020 年)》,明确提出了课堂教学要从学生学习的实际出发,充分发挥学生学习的主动性,积极回应学生多方面、"个性化的学习需求",从而有效促进每个学生主动的、生动活泼的发展。在 2011 年教育部颁布的中小学及幼儿园三个专业标准的文件中,都把"学生为本"作为基本理念,积极倡导教师的教学实践从传统的以教师为中心转向当今的以学生为本,从而把新课程的理念落实到具体的教育教学行为之中。这为当前基础教育的课堂教学转型指明了方向。

在课程改革的潮流中，近年来也涌现出了一批在当地乃至全国业已产生较大影响的课堂教学转型的典型。如，山东杜郎口中学的"336"学生自主学习模式，突出立体式、大容量和快节奏的教学要求，强化预习、展示和反馈的功能，推行预习交流、明确目标、分组合作、展现提升、穿插巩固和达标测评的教学环节。又如，江苏洋思中学的"先学后教，当堂练习"的教学模式，追求当堂课的内容学生在课堂上完全自我解决，当堂消化，教师不再留课外作业，切实实现减负增效。再如，上海市静安区教育学院附属学校"后茶馆式教学"的模式，着力建设"读读、议议、练练、讲讲、做做"的宽松教学文化。改革成功的范例不一而足，但是它们创造性的先行实践已经为课堂教学的转型做了生动的注脚。成功的课堂实践，教育的真谛和智慧富含其中，"深入课堂进行实证的剖析"成为探索课堂教学转型有效模式的现实选择。

纵观近些年来有关课堂教学转型的研究，理论界主要有如下几派观点：第一，文化重构说。即在教学理念上，推崇人的成长发展重于知识本身的掌握；在学习方式上，追求学习主体的建构重于知识本身的结构；在师生关系上，强调学生的主体作用先于教师的主导作用。第二，学习增值说。即课堂教学就是要促使学生学习的增值，其中包括动力值（更想学）、方法值（更会学）、数量值（达成多）和意义值（对学生个人的成长发展具有长远意义）。第三，以学定教说。即课堂的教学始于对学生学情的把握，学生原有的学习基础、当堂课学习的疑难困惑以及真正的兴趣所在等一起构成课堂教学的形态与结构。这些观点从不同的角度诠释了课堂教学转型的实质与重点。

为了每一个孩子幸福快乐的成长，为了给每一个孩子的成功成才奠基，变革创新的情怀永远激励着热爱教育的人们不断追逐更高、更远、更美的梦想！

《教育转型视野下的课堂热点丛书》正是扎根基础教育的沃土，汲取实践智慧的营养，力争真实鲜活地呈现草根实践、田野研究的丰富成果，零距离地服务广大一线教师，分享经验，拓宽视野，启迪智慧！

《教育转型视野下的课堂热点丛书》主要面向中小学第一线的广大教师、教研室教研员、教育研究机构的研究人员以及教师培训机构的培训工作人员。本丛书将集中推出一批以课堂教学的生动实践为特色的系列主题。

希望并期待本套丛书的出版能实现我们和谐奋进的研究团队的良好初衷！

胡庆芳

2014 年国庆于上海

引言　　　　　从同课异构的两个片段说起

对于课堂教学提问的关注可谓由来已久，经久不衰。引起本书作者团队再一次的集中关注是因为一次以教学提问有效性为主题的幼儿园同课异构教研活动。在那次教研活动中，一位教龄只有一年半的新教师和一位教龄长达 15 年的经验教师同上了一节以《认识我们身边的声音》为载体的研讨课。两位教师，两种风格，鲜明地展现了两种截然不同的学习景观。

新教师的课堂片段：

师：请小朋友们说说昨天放学回家都听到了哪些声音啊？

幼儿1：车车的声音！

师：真聪明！其他小朋友呢？

幼儿2：小狗的声音！

师：很好！还有吗？

幼儿3：电话的声音！

师：非常好！还有没有其他声音？

……

（课堂沉默约 6 秒钟。）

幼儿4：老师的声音！

师：哦，我的声音呀？不错。还有没有小朋友听到了什么声音？

……

（课堂再次陷入更长时间的沉默，至此教师连忙自我救场地讲述起自己听到的声音。明显可以看出，小朋友对声音的话题没有了刚开始的兴趣，渐渐也失去了原有的注意力。）

经验教师的课堂片段：

师：请小朋友说说昨天放学回家都听到了哪些声音啊？

幼儿1：微波炉的声音！

师：很好，×××小朋友说回家听到了微波炉的声音。老师现在要问问，微波炉什么时候会发出声音呢？

幼儿1：转转的时候！

师：嗯，是转转的时候会发出声音。老师还想知道，微波炉转转的时候究竟发出的是什么样的声音呢？

幼儿3：咣当！

师：啊？是这样的声音吗？看来×××小朋友家的微波炉要去看看医生了。

（小朋友们一阵笑声。）

师：其他小朋友也来说说听到的声音好吗？

幼儿2：还有停的声音！

师：看来×××小朋友对微波炉也很感兴趣呢。很好，请×××小朋友给我们说说微波炉停的时候是什么声音好吗？

幼儿2：叮铃铃！叮铃铃！

幼儿3（迫不及待）：不对！微波炉停的时候是没有声音的！

幼儿4（抢过话头）：有的！是滴嗒滴嗒的声音！

……

（一时许多小朋友开始热烈地抢答和争论起来，看得出小朋友们对身边听到的声音产生了浓厚的兴趣。）

留给我们的思考：

1. 两次课几乎以同样一个问题开始，但课堂学习的生成却相去甚远。背后究竟反映出了一个什么问题？

2. 两次课完全是同一个主题,但不同班级的孩子却对声音的话题产生了截然不同的兴趣。背后促成结果如此的原因又是什么?

对于上述两个设问,很明显都与提问有着密不可分的联系!不同的老师,提问的目的不一样。不同的老师,理答的方式也不一样。仅仅停留于一问一答的简单互动层面的提问显然使课堂生成单薄,孩子参与的积极性也有限,而深入挖掘、真实沟通的提问却使课堂生成精彩连连,孩子对主题的学习参与也会兴趣盎然……

从以上实例可以看出,课堂教学的提问不仅是一种互动的形式,同时也是一门沟通的艺术,实践智慧就蕴藏其中!

课堂教学的有效提问是一个历久弥新的话题,时时激励着广大教学实践工作者和理论研究工作者锲而不舍地扎根课堂,追寻教学实践的哲理光辉和实践良方。本书将渐进揭开课堂教学提问有效性的层层面纱,让正在阅读本书的各位读者切实领略有效课堂教学提问的精彩和智慧!

1

有效的提问策略让课堂学习
精彩无限

一、利用认知冲突设问，激活学生思维[①]

在课堂教学的实践过程中，学生不可能对每堂课的内容一开始就感兴趣或积极主动地投入思考。为此教师应深入钻研教材，抓住激活学生思维的突破口，有意地给学生设置一些问题的"障碍"，造成他们认知上的一种"冲突"。当学生急于解开这些认知的"冲突"（问题）时，也就意味着他们开始了真正的思维训练，对课文重点、难点的突破自然就会水到渠成。

语文课例：

人教版八年级语文《死海不死》，教师一开篇就让学生思考下列问题：

（1）题目中的两个"死"，是什么意思？

（2）"死"与"不死"矛盾吗？

（3）文末又说"死海真的要'死'了"，这个"死"又是指什么？

这一番提问，激发了学生对本文的兴趣，并急切研读课文寻找答案。最后，当学生理解了"死"的三种不同含义时，也掌握了死海的特征以及形成过程。本来一篇看似枯燥的说明文，却能使学生学得饶有趣味，关键在于教者结合了教材实际，抓住了突破口，提出了学生感兴趣的"问"。又如，在教《孔乙己》一文时，教师一开篇就问学生："孔乙己姓甚名谁？"这样一个看似简单的问题，很自然就让学生认真地研读课文。在此基础上教师因势利导，引导学生认识到孔乙己其实并没有自己的名字这一深刻的社会寓意，解决了本课的教学难点。由此可见，利用认知

[①] 侯亚明. 浅论语文课堂教学中的提问艺术，http://wenku.baidu.com/view/c0fe970f52ea551810a687e7.html.

的冲突,抓住契机,激活学生的思维,能够促使学生在课堂上积极主动地学习。

数学课例:

教师在教"圆的认识"时发问:"你们见过的自行车轮是什么形状的?""有正方形、三角形的车轮吗? 为什么?""那么椭圆形的行不行?"随着对这几个新奇问题的思考、讨论,学生思维逐步接近圆的本质,思维状态进入积极兴奋状态。另一位教师在教学《游戏的公平性》一课时[1],设计了这样一个问题:"我抛两次硬币,如果第一次是正面朝上,那么第二次一定是反面朝上咯?"学生马上反应"不是的"。教师紧接着问:"你们不是说正面朝上和反面朝上的可能性都是二分之一吗? 那我抛两次当然就是一次正面一次反面喽! 如果不是的话,那不是和你们的结论矛盾了吗?"这个矛盾的问题环境使学生产生了浓厚的反驳兴趣,使学生有一种强烈的动手操作的欲望,从而自然引入下一个学生抛硬币的活动。这个活动是学生发自内心的需要,它就是一个高效的操作,抓住一些近似矛盾的问题,引起学生浓厚的兴趣,调动学生的积极性。

物理课例:

为了使学生对"静止"有一个初步的感性认识,并启发学生对"静止"这一哲学概念的理解,教师以讲故事的方式精心设计了这样一个问题:"同学们,听说过用手抓飞行着的子弹吗?"问题提出以后,教室内鸦雀无声,教师稍稍停顿了一下,从学生们的脸上读出了惊奇、思考、疑问。教师接着娓娓道来:"在第一次世界大战期间,一名法国飞行员,在两千米高空飞行时,发现一个小虫似的东西在身边蠕动,他伸手一抓,大吃一惊,原来抓的竟是一枚德国制造的子弹。"教师问:"子弹飞得那么快,真能用手抓住吗?"学生回答各异。教师做出了肯定的回答后指出,出现这种情况是什么道理呢? 这里实际包涵着一个哲学原理:"静止——运动的一种特殊形式。"这样的提问就像磁石一样牢牢吸引学生的注意力,使学生产生了悬念,激发了求知的兴趣和欲望。

二、变直为曲殊途同归,追求引人入胜

课堂教学的提问讲究一定的艺术性,如果在课堂上,教师的提问只是一味地直来直去,其启

---

① 熊莺.浅谈提高数学课堂提问有效性的策略,http://www.jxteacher.com/yiyefengpiao/column51035/46bd448f-9c36-43dd-aed4-2530f8fc132d.html.

发性就可能大打折扣,久而久之,学生对这样的提问会感到索然无味,思维发展就得不到锻炼。而如果教师把问题换成"曲问"、"活问"的方式提出,就能引导学生开动脑筋,在思维上"绕一绕"、"跳一跳",从而发现问题的答案。曲问有如下特点①:

(1) 激发兴趣,开启思维。两千年前的教育家孔子说:"知之者不如好之者,好之者不如乐之者。"两千年后的教育家陶行知先生认为"学生有了兴趣,就肯全副精神去做事,学与乐不可分"。看来兴趣是影响学习活动效率的一个重要心理因素。而生动活泼的曲问正符合中学生的心理,它利用其用好奇心、好胜心、表演欲达到激发兴趣、启发思维的目的。在一堂《皇帝的新装》的公开课上,老师先让学生表演课本剧,然后老师扮成记者去采访那些演员:你为什么要那么演? 你当时心里是怎么想的? 你认为某人是一个什么样的角色? 他为什么那么说、那么做? 学生非常兴奋,课堂上充满了意趣,也充满了活力。"记者"提出的不少问题实际上正是老师讲解时想提出的问题,但如果换成老师直问:文章的主题是什么? 人物有什么性格特征? 那课堂会是什么样子呢? 那学习效果肯定会大打折扣。

(2) 唤醒体验,激发共鸣。传统教育往往用分数掩盖了学生的情感、态度、价值观,被动的灌输、机械的问答使得学生感受不到语文课程中那丰富的生活内涵,感受不到教材中隐含的自然美和人性美,使教学失去了生命力。新课程重视语文和生活的关系,教材(人教版)明确提出"要融入自己的生活体验,感悟课文的思想内涵,进而了解社会人生"。"读出自己",李镇西老师如是说。曲问能以巧妙的方式,唤醒学生的生活和情感体验,与课文产生强烈的共鸣。

例1:苏教版八年级语文《老山界》,教师引导学生分析红军战士在第二天吃早饭"抢了一碗就吃"中"抢"字的用法。学生可能一下子难以理解,这时就可以换个角度来提问:"'抢'字是否说明了红军战士不遵守组织纪律呢?"当学生予以否定回答时,又进一步启发学生:"'抢'在这里该如何理解?"顺便还可以回到现实生活进一步启发学生思考,如"小明今早起来晚了,当妈妈煮好早餐后,他抢了一碗就吃,然后急急忙忙上学去,小明的'抢'又说明了什么?"到这里,经过教者设置的"曲问"和引导学生的类比分析,学生对红军战士"抢"这一动作的理解自然明确了。

例2:人教版八年级语文《小橘灯》一文写道:"我低声问:'你家还有什么人?'她说:'现在没

---

① 陈红.山巅可揽胜,曲径能通幽——谈语文课堂教学中的曲问,http://www.sdfz.net/article.aspx? id=543.

有什么人,我爸爸到外面去了'……"如果让学生分析小姑娘话没说完的原因,就可以这样提问:"小姑娘话没说完就停住,是不是她不知道爸爸到哪里去了?"当学生给予否定回答时,又可以继续提问:"既然知道爸爸的去处,为什么不直说?"有的学生会说"怕别人知道"、"当时不方便说",在这个时候,就可以提出关键的一问:"文章这样写小姑娘,表现了她怎样的性格特点呢?"很明显,因为有了前面第一处的"曲问",学生能比较容易理解小姑娘在此处"机警、乐观"的性格特点。由此可见,这种要拐个弯才能找到答案的问法,不仅能激起学生思维的浪花,有时甚至能产生"投石击破水底天"的教学效果。

例3[①]:钱梦龙先生在教《愚公移山》时非常好地运用了"曲问"的方法,促进了课堂教学精彩的生成。如,在讲到"邻人京城氏之孀妻有遗男,始龀,跳往助之"时,没有直接提问"龀"是什么意思、"孀妻"是什么意思,而是采用启发式的提问语激活学生的思维。让我们看一段教学实录:

> 教师:那么,那个遗男有几岁?
>
> 学生:七八岁。
>
> 教师:你是怎么知道的?
>
> 学生:从"始龀"知道的。
>
> 教师:噢,龀。这个字很难写,你看(教师在黑板上写),"龀"是什么意思呢?
>
> 学生:换牙。换牙时,约七八岁。
>
> 教师:对,换牙。你看它是什么偏旁?
>
> 学生:"齿"旁。
>
> 教师:孩子七八岁时开始换牙。同学们不但看得很仔细,而且都记住了。那么,这个年
> 纪小小的孩子跟老愚公一起去移山,他爸爸让他去吗?
>
> 学生:(一时不能答,稍一思索,七嘴八舌)他没有爸爸!
>
> 教师:你们怎么知道的?
>
> 学生:他是寡妇的儿子。孀妻就是寡妇。

① 汪新华.关于优化语文教师课堂提问的研究[D].上海:华东师范大学,2008.

例4：学习鲁迅的《社戏》，传统的教学方法直接提出问题："请同学谈谈主要人物的性格特征，并从课文里找出依据。"有教师这样提问："我们在阅读时应跳进作品中去，与里边的人物作心灵的沟通。设想一下，如果你来到了平桥村，你愿意与哪位小伙伴交朋友呢？"同样的问题，一个直问一个曲问，教学效果大不相同。第一种问法，学生经过思考后也基本能说出答案，但课堂气氛比较平淡，学生似乎在配合老师完成彼此所认同的课堂上的教与学的任务，缺乏人物形象应让人感受到的意趣之美，而且参与回答的基本上是那些比较听话、认为回答问题是天经地义的同学。第二种问法如同一石激起千层浪，一瞬间，课堂上呈现出与前一课堂截然不同的热烈气氛：人人都能回答，人人都想回答，人人争着回答，曲问的引人入胜效果在这个案例中充分体现出来。

例5① ：数学课也可以运用"迂回战术"变换提问的角度，让思考转个弯，问在此而意在彼，使学生开动脑筋，经过一番思索才能回答。讲解分式的基本性质时，首先问学生："分数的基本性质是什么？"然后再问："你能否通过类比的方法得出分式的基本性质？"再如讲解二次函数的基本性质时，首先问学生："一次函数和反比例函数的性质是什么？我们学习这两部分内容时是怎样通过类比的方法得出其性质的？"然后再问："你能否利用类比的方法，画出二次函数的图形？是否能得出二次函数的性质？"让提问与学生已有的知识相联系，促进学生积极主动地思考。

在曲问时，要将问题与学生的实际生活结合起来。有个教学案例，学习《桃花源记》时，授课老师为了尽可能地发挥学生的主观能动性，创设了"时空连线"电视采访和"探究考证"的方式。老师假设自己是电视《时空连线》节目主持人，而同学是桃花源的村民，假设他来到桃花源对村民进行现场采访："能为观众朋友介绍一下你们桃花源的自然环境吗？请问你们是怎么来到这里的？你能对我们观众朋友说说你们桃花源居民的风俗习惯吗？请问这么多年你出去过吗？你想不想出去？"学生投身其中，乐此不疲。后来老师又提问："桃花源是否真的存在呢？"他让同学模拟历史学家、考古学家来考证。老师通过创设的生活情境使得学生对文章内容、主旨有了深刻的领悟，而且学生学得主动，学得积极，课堂上时有极富个性的火花闪现。我们大可以借鉴这个案例来讲授其他课文。教《三峡》，我们可以将问题"文中描写了三峡哪些自然风光"改为"如果你是一名导游，正带着游客游览三峡，那你将如何向游客介绍三峡的美景？"教古诗《钱塘

---

① 数学课堂提问技巧例谈，http://bd.hbrc.com/rczx/shownews-2936927-20.html.

湖春行》，可以将词诗句鉴赏变成这样的提问："如果你是一位摄影师，根据《钱塘湖春行》的内容拍摄西湖风景，你决定选择哪些镜头？"同样，举一反三。教《信客》，我们可以让学生写墓志铭，以此来代替人物评价；教《福楼拜家的星期天》，我们可以让学生猜测插图中的人物分别是谁，以此来检查学生是否把握了文中人物的特征。

从学生实际出发，根据学生的心理特点及其兴趣爱好，找出能诱发他们思维兴奋点的提问方式，力求避免所提的问题太直太露，直题曲问，问到学生们的心窍上，使得思考不再成为学生精神上的负担，而是一种身心的欢乐和享受。

三、 分层设问化大为小，做到变难为易

要上好一节课，往往单靠一两个提问是不够的，而需要教师站在高处，从整节课、整篇课文来谋划，设计出一系列有计划、有步骤、相对结构化的问题，这样的提问设计才有可能促使学生的思维达到一定的深度，全方位培养学生的思维能力。在具体的课堂教学实践过程中，教师可以根据教材特点、学生的实际水平，把难问题分解成易理解、更有趣的小问题，或者把大问题分解成一组小问题，层层深入，一环扣一环地问，逐步引导学生的思维向纵深发展。

例1：《变色龙》一文，可以采用这种分层设问的方式进行教学。教者先提出问题："奥楚蔑洛夫斯基的基本性格是什么？"这个问题学生较容易回答出来——"善变"；然后再问："他'善变'的特征有哪些？"这下学生的热情高涨，纷纷答"变得快"、"反复无常"、"蠢"、"好笑"等；在此基础上，教师继续问："他虽变来变去，但有一点是没变的，那是什么？"学生由于有了前面的问题作铺设，可以不费劲地回答："看风使舵。"最后，教者顺势利导，提出下面有一定深度的问题："是什么原因使他一变又变？作者为什么要塑造这个形象？"这样一组从易到难、环环相扣的设问，在教者的引导下，学生轻易解决了本文重点、难点的学习。

例2①：要上好一堂化学课，有时要设计出一组系统化的提问。在实际操作中，教师可以根据教材特点和学生的实际水平，把难问题分解成易理解、有趣的小问题，层层深入，逐步引导学生的思维向纵深发展。如学习《原电池》一节内容时，可设计如下问题：

---

① 张宇.对化学课堂提问的思考[J].化学教与学，2011(10).

（1）与硫酸反应的本质是什么？电子如何交换的？

（2）原电池为什么有两个极？目的是什么？起什么作用？

（3）在两极之间电子为什么会流动？真正的动力是什么？

（4）电流表指针偏转表明有电流，形成闭合回路。试说明是怎么形成闭合回路？形成闭合回路必须是氧化还原反应吗？

（5）自发的氧化还原反应在理论上是否可以设计成原电池？

（6）你能把常见的氧化还原反应分出两个半反应吗？

（7）如何书写简单电极反应式？依据是什么？

（8）原电池的两个电极一定要发生氧化、还原反应吗？电极本身是否参加反应？

（9）构成原电池的条件是什么？

本节内容如果按传统教法得出形成原电池的条件，会忽略学生的潜能. 而如果按上述设计的问题，则会激发学生的潜能，真正理解原电池的本质。课堂提问要适合学生的认识水平，注意把握问题的难易程度。如果问题不切实际，超出学生的实际能力，或者问题过易，答案一望便知，那都会失去提问的意义。问题犹如山峰，坡度太陡，无法攀登；坡度太缓，也会使人丧失攀登的兴趣。提问应设置合理的坡度，这既是考虑学生思维的特点，也是为了贯彻素质教育要有意识地培养和训练学生思维能力的要求。根据由近及远、由浅入深、从具体到抽象、从现象到本质的认识规律，提问要注意围绕一个中心，层层深入地提出一系列问题，使学生的认识逐步深入。先易后难，由浅入深，循序渐进，把学生的思维一步一个台阶地引入求知的高度。

例3[①]：某英语教师在教授北师大六年级上册 Unit4 Choosing a gift 故事教学时，针对本课的难点"prefer"，用多媒体课件描绘出这样一个情境：Daniel 要过生日了，他的朋友去商店给她挑选礼物，但是不知道她喜欢什么。根据这个情境，教师设计了这样一段渐进式的提问：

T：Did you buy a gift for your friend?

S：Yes，I did. /No，I didn't.

---

① 张丽，立足课堂，问出精彩——小学英语课堂有效提问的策略研究，http://www. dgd3x. com/article/show. php？itemid＝1604。

T：Oh，what did your friend prefer? do you know?

S：He/She prefers...

T：Good！Daniel's friends want to buy a gift for him．Can you help them?

　　接下来,组织学生猜想 Daniel 喜欢什么。在此基础上,教师再对学生提出更高的要求:说说你挑选的礼物为什么是 Daniel 喜欢的。通过循序渐进的提问,我们就能把学生的注意力集中到课堂上来,由浅到深,由简到难,顺理成章地掌握重点,突破难点。

　　例 4[①]：如果教师能够在教学内容的设置、教学目标的确定、教学方法的运用上都做到分层设计,便可充分调动不同层次学生的学习积极性和主动性,使不同层次的学生在掌握知识的同时,智力及情感都得到不同程度的提高。牛津英语 8B Chapter3 Blind man and eyes in fire 讲述的是一位盲人和他的狗被困在着火的旅店中,最终凭借自身的消防常识安全获救的故事。故事情节生动有趣,容易唤起学生情感上的共鸣。教师将文章分成两部分,重头戏在后半部分。

　　(1) Warming-up:首先引导学生回忆故事的开始部分,提出 6 个问题:

　　A.　Who is John F Dancer's friend?

　　B.　Has John booked a room in the hotel before?

　　C.　What was the first trouble John met that day?

　　D.　Why didn't the clerk allow Charlie into the hotel at first?

　　E.　Charlie was allowed to stay at the hotel at last，wasn't he?

　　F.　Which place did John want to know before entering the room?

　　这些问题的设置,有难有易,针对不同层次的同学,让每个人都能立刻参与到课堂活动中来,为下面的故事展开做好铺垫。

　　(2) Before-task 听课文后半部分的录音一遍,回答 2 个简单问题:

---

① 李欣．优化分层提问活化英语课堂，http://www. hssq. pudong-edu. sh. cn/tec_user/lunwen_show. aspx? ID=75&disp_mark=3.

A. Something terrible happened. What was it?

B. Were they saved finally?

让学生带着问题有针对性地来听,降低听力难度,给学生增加信心。

(3) While-task:请同学们打开书仔细再读文章,注意故事的细节内容。设置 15 个问题,采用 T or F 形式,错误的要改写句子,(其中 3 个易,8 个中,4 个难)。为不同层次的同学都提供展现自己的舞台,检查学生阅读的准确性和细致性。

(4) Post-task:是对文章内容的升华和拓展部分,体现"学以致用"的英语教学原则。教师设置了三个小组讨论环节:这几个任务是遵循学生的认知规律,层层递进、拾级而上的。

A. What did John do to protect himself from fire?

B. Read the fire-safety, and help the manager of the hotel to write fire rules.

C. What should you do and what shouldn't you do when there is a fire?

四、 开放设计引导发散,收获丰富生成

课堂教学过程中提问的目的关键在于使学生在掌握知识的同时,训练和提高思维能力。而学生的思维方式不尽相同,因而教师需要注意提问的角度和问题的深度,善于设计比较开放的问题,从不同的角度启发学生,使学生掌握解决同一问题的多种解答方法,既拓宽思维的空间,又能培养发散思维能力。例如对一篇课文的段落划分,有时是不只一种划分的,那么就可以引导学生思考,假如按其他标准,又该如何划分呢? 学生通过这些训练,就会明确原来解决问题的方法有时不是单一的。他们在以后的学习生活中,自然会举一反三,灵活变通。学生在掌握了课本知识后,教师如果引导学生把这些知识与课外相关知识联系起来思考,就能扩大知识的利用价值。

例如,在让学生预习了《爱莲说》一文后,教师可以引导学生思考这样一些问题:"莲"的精神品质可以与社会上哪些人联系起来呢? 又如学习了"随风潜入夜,润物细无声"这一诗句后,可以问学生:在实际运用中,它还包含着什么耐人寻味的哲理? 再如学习了《卓越的科学家竺可桢》中竺可桢持之以恒的精神后,可让学生思考:哪些名人身上也具有这种精神? 能具体说说他

们的感人事迹吗？这几个思维发散的提问都是在原有知识的基础上，通过"问"，让学生想得"深"，想得"广"，并把"问"与阅读、写作、做人联系起来，能有效地促进学生思维能力纵向、横向的发展，加强人文精神的教育。又如，在《曹刿论战》一课，有教师组织过一场"鲁庄公真的鄙吗?"讨论会，引导学生结合时代背景辩证分析鲁庄公的形象，从而培养学生的创新能力。会上同学们畅所欲言，有的同学说：鲁庄公作为国君，在国难当头的时候，不仅能够接见曹刿，而且还能诚恳地与之探讨战前的政治准备，礼贤下士，任人唯贤，这说明他是开明的，在当时封建专制社会是难能可贵的。还有的同学说：在"长勺之战"中，鲁庄公作为国君虚心听从曹刿的指挥，甘愿扮好"配角"，这说明鲁庄公具有明君的胸怀……最后，同学们一致公认：鲁庄公并非传统说法的平庸国君、昏君，而是一位明君，只不过是一位缺乏军事才能的明君罢了。

在题目变通处设问，可使学生的思维变得活跃、发散，达到一题多练、举一反三之效果，从而避免学生盲目采用题海战术，有利于减轻学生的课业负担。如化学课在进行 pH 值计算教学时，可设计如下变通式题目[①]：(1)常温时，将 pH＝4 的盐酸稀释 100 倍后溶液的 pH 变为多少？(2)常温时，将 pH＝4 的盐酸稀释 10 000 倍后溶液的 pH 变为多少？(3)常温时，将 pH＝4 的醋酸稀释 100 倍后溶液的 pH 会等于 6 吗？(4)常温时，将 pH＝10 的 NaOH 溶液稀释 100 倍后溶液的 pH 变为多少？(5)常温时，将 pH＝10 的 NaOH 溶液稀释 10 000 倍后溶液的 pH 变为多少？(6)常温时，将 pH＝10 的氨水稀释 100 倍后溶液的 pH 会等于 8 吗？

例1[②]：某教师讲授《最后一课》，学生已经预读了课文，了解了课文故事中的大致背景之后，教师做了以下开放式的提问：

> 问：韩麦尔先生是一个怎样的人？
>
> （学生发言，对韩麦尔先生有如下看法）
>
> (1) 是一个可怜的人；
>
> (2) 是一个原先不大负责的人；
>
> (3) 是一个严厉的人；

---

① 林建成，胡志刚. 把握最佳提问时机让化学课堂更精彩[J]. 福建基础教育研究，2012(5).

② http://wenku.baidu.com/view/93a0d5f9770bf78a65295483.html

（4）是一个普通的人；

（5）是个温和而严肃的人；

（6）是一个有勇气的人；

（7）是一忠心耿耿的人；

（8）是一个爱国的人；

（9）是一个留下了高大形象的人……

（教师调控，组织讨论三种"见解"）

（1）韩麦尔是一个普通的人；

（2）韩麦尔是一个"可怜"的人；

（3）韩麦尔是一个爱国者。

普通人：镇上的一位教师。平平常常工作了 40 年，课堂教学的管理水平不大高。有时还"玩忽职守"……

"可怜"人：最后一次上课。明天就要永远离开这个地方。一动也不动地瞪着眼看周围的东西。脸色惨白，话说不下去。教了一节课又一节课……

爱国者：换上礼服，纪念这最后一课。自责及对阿尔萨斯人直率的批评。赞美法语，说语言好比打开监狱大门的钥匙，恨不得把全部知识都教给我们。内心极大悲痛。使出全身的力量写"法兰西万岁！"（课文七处点出韩麦尔先生的爱国。）

在讨论中重点放在第（3）种"见解"。结合讨论，诵读韩麦尔先生的大段独白，诵读课文最后一部分，想象、描述这一精彩的特写镜头，体会其中的情感。

接下来，教师组织学生讨论并进行点拨。所提的问题是："作者为什么不把韩麦尔写成一个高大的英雄，而让他以一个普通人的身份出现？"经过讨论和教师的点拨，学生最终认识到：正因为普通，韩麦尔先生才能够代表千千万万的法国人，他那热烈深沉的爱国情感，才能被理解成是所有法国大众所具有的，才能使这篇小说所表现的成为整个法兰西民族的共同心声……

例2①：上完《愚公移山》后，某教师根据学生提出的问题组织了一场"愚公移山还是搬家好"

---

① 初中语文教学研究性学习（人教版），http://www.ruiwen.com/news/56313.htm.

的辩论赛,同学们就此问题展开了激烈的辩论。有的学生认为愚公不必移山,他或可以搬家,或可以开山辟路,或是靠山吃饭发展经济;甚至有学生认为愚公"投诸渤海之尾"的做法是利己不利人,是破坏环境、破坏生态,等等。

例3[①]:在学习四年级(下册)"三角形的分类"时,教师让每个学生都做了各种三角形的纸片,让学生给不同的三角形进行分类,测量、观察、比较,并展开了交流:

生1:有的三角形三个角都是锐角,我们把它叫做锐角三角形。

生2:每个三角形中至少有两个锐角。

生3:一个三角形中有直角就没有钝角,有钝角就没有直角。有时直角和钝角一个都没有。

教师在肯定和欣赏了学生的发言之后,继续问:"刚才只有一个小组把三个角都是锐角的三角形归为一类,取名锐角三角形。其他三角形呢?"

生4:我觉得有一个角是直角的三角形就叫做直角三角形,有一个角是钝角的三角形就叫做钝角三角形。

生5:刚才我们说三个角都是锐角的三角形才能称锐角三角形,现在光凭一个角判断,是不是太武断了?

生4:在一个三角形中,你能找出三个直角或者三个钝角吗?我们发现一个三角形中只能有一个直角或一个钝角,所以就这样大胆地命名了……

教师的课堂提问注重了思维的广度和深度。考虑到学生已有对于角的分类的经验,教师提出了思维空间比较大的问题,让学生思考怎样对三角形进行分类。问题本身具有一定的开放性,有一定的思维深度,对四年级的学生来说有挑战性,有利于培养勤于思考、积极探究的学习品质。当学生经过初步思考,认识到三个角都是锐角的三角形应为一类,思维不能深入的时

---

① 郑毓信,梁贯成.认知科学建构主义与数学教育[M].上海:上海教育出版社,2002.

候,教师又及时进行追问,在肯定学生探究成果的同时,引导学生继续深入思考。值得一提的是,教师没有在学生遇到困难时,就急于给学生提出一些琐碎的提示性问题,避免了问题密度的过于频繁对学生思维力度的减弱。高质量的课堂提问应当针对学生的学习情况,灵活做出调整。

例4:在教授北师大六年级上册 Unit2 Charlie's chores 时,某教师运用学生喜欢的童话故事情境白雪公主入手,把学生带入童话世界,然后引出问题:"Seven dwarfs went out. What did Snow white do at home?"并启发学生猜测。学生有的说"She can read books",有的说"She can clean the window",有的甚至说"She can play computer games..."课堂上顿时一片笑声。随后教师分别显示了白雪公主在扫地、打扫卧室和小动物帮她浇花的图片,自然导入、操练和巩固了新的词组 sweep the floor, water the plants, clean the bedroom 和 take out the trash。

五、 针对具体目标设问,突出有的放矢

有效问题的提出首先应该紧扣课堂教学内容,围绕教学的目的和要求,即教师所提的问题应该要集中在能"牵一发而动全身"的关键点上。离开了课文的教学目标,不紧扣课文教学重点的提问,对学生学习的教学内容起不到积极作用的问题,即使搞得课堂气氛热烈,也不是成功的问题。因此好问题的提出要求教师先通览教材,立足教学目标,准确把握文章的立意和构思、层次脉络等。要依据教学的重难点,根据学生的认知水平,设计一些有针对性、启发性、层次性、难易适中的问题引导学生,使问题明确指向课堂教学三维目标(知识与技能、过程与方法、情感态度与价值观),指向教学内容的核心点。好的问题是一种思维的提示,一段感情的线索,一篇课文的核心。让学生带着有效问题去学习钻研,去思考寻找答案,避免教学中的盲目性和随意性。

语文课例①:《埃及的金字塔》文本第三段教学的课堂实录:

(1)师:请同学们自读、默读课文想想:课文中是怎样把宏伟和精巧介绍清楚的?

(出示语段:"古埃及各个王朝修建的……全部工程用了整整 30 年时间。")

————————

① 清晰目标 精选内容 有效设问,http://blog.sina.com.cn/s/blog_4d5cedf50100q7hc.html.

生：运用了举例子的方法。

(2) 师：数字也是有生命的。

（出示语段："这座金字塔高 146 米……差不多要一千米的路程"）

(3) 师：读。体现宏伟。

(4) 师：还从哪里体现出金字塔的特点？从哪里可以看出来？

(5) 师：在几千年的过程中，金字塔可能会经受什么？

（地震、沙尘暴……）

体会精巧。（出示语段："这些石块磨得很平整……"指名读，再读。）

(6) 师：还是要把金字塔的样子装在心中才能读得好。

(7) 师：继续交流。在这几千年中，埃及金字塔会遭受什么呢？这就说明了埃及金字塔什么呢？

生齐读："这些石块磨得很平整，石块与石块之间契合得很。"

(8) 师引读。

一百年过去了……

几百年过去了……

一千年过去了……

几千年过去了……

(9) 师：除了"平整"、"磨平"，还能从哪个词上看出它的精巧？

生集体交流。

投影出示：塔身由 230 块巨石砌成，这些石块平均每块重 2.5 吨……需要 60 万个车皮。

(10) 师：有没有新的发现？

生交流。

(11) 师：（拿出笔在旁边写上三个字"巨石多"）

(12) 师：齐读，让我们一起体会巨石的多。

生：从"绕金字塔一周，差不多要走 1 千米的路程"这句，我体会到面积大。

(13) 师：说得对！（在旁边写上三个字"面积大"）

(14) 师：你们觉得新城小学的操场大吗？老师告诉大家，它是新城小学操场的 2.5 倍。

(15) 师：学到这，课文主要采用了什么方法来表现它的精巧？

生：列数字，并且采用了作比较的方法辅以说明。

(16) 师小结：作者就是这样步步深入地介绍了金字塔的宏伟和精巧。

（齐读，体会）

教师在文本的解读上，首先确定了教学目标，"了解金字塔宏伟、精巧的特点，体会运用列数字、举例子等多种说明方法介绍金字塔"，并且把教学目标中的"体会运用列数字、举例子等多种说明方法介绍金字塔"作为本课教学的重难点，实现了清晰的目标。在第三段的教学实录中，教师总共说话 16 次，提问 7 次，其主问题只有一个，即"课文中是怎样把金字塔的宏伟和精巧介绍清楚的？"其余六个问题或者变换方式对主要问题进行追问，如"还从哪里体现出金字塔的特点？从哪里可以看出来？"或者引导学生想象，如"在几千年的过程中，金字塔可能会经受什么？"教师课堂上其余的说话，抑或是引读，抑或是对主问题的变化。只有第 15 个问题"学到这，课文主要采用了什么方法来表现它的精巧？"是指向总结说明方法而教学的。其主线非常清晰，板块非常明显，重难点的突破亦清晰可见。

英语课例①：如何设计难度适中且能引导高中生深层理解文本的问题？高中生的评判性思维还处于起步阶段，没有铺垫或是思维能力要求过高的任务会令他们无所适从，或者脱离课文任意表达观点。若教师能基于文本的核心内容巧妙设计评判性阅读问题，则不仅能让学生进一步熟悉课文，深入理解文本，还能自然引发学生评价的欲望，培养学生的评判意识与能力。教师可尝试一下六种设问策略。

（1）利用不同文体的侧重点设问

阅读文章的文体大致可分为四大类：记叙文、描写文、说明文和议论文。不同文体的文章有不同的侧重点。语篇分析的重点是语篇中的句子如何通过显性连接手段具备连贯性，以及篇章的组织要素和组织形式如何表达作者的意图。

案例①：人教版高中英语必修 1 第 5 单元的 Reading：Elias' Story；The Rest of Elias' Story

文体：记叙文

---

① 朱旭彬.高中英语评判性阅读教学设问策略之探索［J］.中小学外语教学（中学篇），2012(8).

思考题：

A. What is the changing relationship between Elias and Mandela? Please use facts to analyze it.

B. What are the qualities of Mandela based on the relevant facts in the text?

C. Do you think Elias tells his story well? Give reasons.

D. What are the advantages and disadvantages of using a personal story instead of an official biography to describe a great hero?

第一个问题要求学生用事实来说明 Elias 和 Mandela 之间的关系,紧紧抓住了一条不断变化的人物关系线索——从"受助者和施助者"到"追随者和领导者",再到"学生和老师",最后是"受助的普通公民和总统",要求学生对文中的大量事实进行筛选,把最能体现他们之间关系的事件整理出来。第二个问题是教师常用的人物分析类问题。这是很好的评判性阅读教学问题,关键是一定要让学生引用文中事实来评论人物。第三、第四个问题要求学生从文体和语域的角度去分析非正式的轶事和正式的传记的利弊,使学生对不同文体的作用有更深刻的认识。因学生有汉语文体的背景知识,所以回答起来并不困难。

案例②：选修 7 第 3 单元的 Using Language：A New Dimension of Life

文体：描写文

思考题：

A. How can you classify all the noun phrases with adjectives into groups?

B. What kind of feeling is the writer trying to convey with so many descriptive words?

这些问题的设计体现了描写文以词写意的特点。本文中含有形容词的名词短语近 30 处,基本可分成两类:一类是描写氛围和作者感受的,如 the warm night air、a day of pure magic、such extraordinary beauty、a tiny spot、in this enormous world 等;另一类是描写海底生物和海底环境的,如 the waving long thin seaweed、a steep drop 等。如此丰富的形容词的运用,加上标题——一个崭新的生活空间,作者对海底世界的惊叹与敬畏之情溢于言表。

(2) 有效利用标题设问

标题是一篇文章的眼睛,透过这双眼睛就能看穿整篇文章。其实,一篇文章的标题作用是很多的,有的是直接标明了文章的中心内容或线索,有的是为了引发读者的兴趣与思考。解读文本,立足于标题的重要作用,我们完全可以发挥开去,从而更好地掌握文本的思路主旨。借题发挥是非常有效的主旨解读类思考题的设计策略。

案例③：必修 4 第 5 单元的 Reading：Theme Parks — Fun and More than Fun

思考题：

What kinds of theme parks do the three chosen examples represent respectively? How do they show that themes parks are fun and more than fun?

本文的标题概括了三个例子的共同点，从而凸显了文章的主旨，即主题公园吸引男女老少的关键在于其"是娱乐，又不仅仅是娱乐"。作者所选的三个主题公园分别代表世界上主要的三类主题公园：迪士尼乐园代表了幻想的天堂，多莱坞主题公园是当地独特文化、生态和古老游乐设施的展览馆，而卡默洛特公园则是梦回英国浪漫的骑士时代的时光机器。幻想、文化、历史这三个主题跃然纸上。而让学生分析文中的三个例子如何体现标题，则轻松地理清了文本的内容组织线索，几乎把所有主要的内容都囊括其中。

（3）聚焦文本关键信息设问

一篇逻辑性很强的文章，其内容是紧紧围绕某一中心（人、事或物）展开的。我们可以依据作者选取的相关事实，理出一条线索，从而揣测作者的写作意图、对事物的态度和价值观。在解读文本时，教师可以着重整理出这些显性的信息，分析它们之间的关系，然后设计问题。

案例④：必修 2 第 1 单元的 Reading：In Search of the Amber Room

思考题：

A. What were the roles the Amber Room played during different periods in history?

B. What is the cultural and historical value of the Amber Room?

C. Was the Amber Room worth rebuilding?

本文所有的信息都围绕琥珀屋展开：琥珀屋诞生，之后辗转于不同的统治者手中，最后消失在战火中；2003 年，新的琥珀屋又在德、俄专家和能工巧匠的手中得以重生。不难看出，作者选取的这些关于琥珀屋的事实着重描述了其金碧辉煌的外表及其在不同历史阶段扮演的不同角色，旨在宣扬文物的文化及历史价值。

第一个思考题让学生归纳有关琥珀屋的重点信息，并且为第二、第三个评论性问题作充分的铺垫，搭建了一个思维的支架。学生不仅重读了课文，而且深层分析了琥珀屋的文化历史价值，并据此评论。

案例⑤：必修 1 第 4 单元的 Reading：A Night the Earth Didn't Sleep

思考题：

Considering all the given information about the Tangshan earthquake，why do you think it was the most deadly earthquake of the 20th century?

唐山大地震是本课的核心内容。在对文中的关键信息进行概括与分析后，笔者发现它们都是围绕文中一句关键话语展开的——"the greatest earthquake of the 20th century had begun"，并且隐含了很多使唐山大地震成为 20 世纪最致命地震的原因。学生对文章进行了全面回顾后，对相关信息进行整理、分类，建立起地震知识背景和本文信息之间的联系，培养了分析、推断能力。笔者列出的如下原因学生基本上都能捕捉到：

a. Time：In the early morning when most people were asleep.

b. Epicenter：11 km directly below the city.

c. Degree：One-third of the nation felt it (7. 8 on the Richter Scale).

d. The city was densely populated.

e. People thought little of early warnings.

f. No foreshocks but serious aftershocks，in which many rescue workers were killed.

g. Weak buildings on unstable soil (China was very poor in 1976).

h. Earthquakes couldn't be accurately predicted (and still can't be).

对这些原因的分析为推断本文的写作目的之一做好了铺垫，即以史为鉴，提高对自然灾害的防范意识。

(4) 巧妙运用写作背景设问

评判性阅读的一个重要任务是持续地、审慎地评价作者的观点。阅读的目的不是仅仅了解文中所讲到的内容，而是要发现作者在论述过程中的偏见、主张和观点。而写作背景(包括作者的写作风格、经历，历史、文化和社会背景等)或多或少地影响、制约着作者的表现，是解读文本不可或缺的要素，特别是在文学作品的教学上。教师可以巧妙运用紧扣文本主题的写作背景来设计问题，如有可能还应当搜集相关的评论文章加以利用。

案例⑥：必修 3 第 3 单元的 The Million Pound Bank Note

思考题：

A. As we know, Mark Twain is a humorist. How does he manage to amuse his readers in this story?

B. Does the writer only try to attack the "money talks" society with this story?

C. What kind of feeling is Mark Twain trying to express by describing the rags-to-riches story of a young American man?（背景：The story was published in 1893, in a disastrous time for the United States, a time marked by doubt and pessimism, rapid immigration, labor problems, and the rise of political violence. It was also a difficult time for Twain personally, as he was forced into bankruptcy and devastated by the death of his favorite daughter, Suzy.）

在对男主人公 Henry Adams 进行人物分析的基础上，笔者根据本文的写作背景继续挖掘。问题 A 运用了作者话语幽默的背景，马克·吐温在本文中淋漓尽致地运用精彩的人物对白和夸张的身体语言描写制造了幽默。本文讽刺了一个金钱万能的社会，学生对此也非常了解，因为他们在小学的语文教材中就已经接触过这个故事了。但是如果考虑到马克·吐温作品中常有的惩恶扬善的特点，以及对男主人公大篇幅的描写，不难发现作者在批判金钱崇拜的同时，也颂扬了男主人公正直、诚实与善良的优秀品质，于是笔者设计了问题 B。问题 C 利用了该小说的社会背景和作者个人的经历，对写作目的进行了更深刻的探讨。

（5）从中外文化对比中设问

文化意识是新课程对英语教学的要求，而进行文化对比是教师挖掘文本内涵、进行文化教学和评判性阅读教学的有效策略。我们应当关注有文化内涵的语言（词汇、习语、谚语）、民风、民俗、交往原则、价值观等，更要关注这些文化是如何在文中得以体现的。当然，前提是教师要具备恰当的文化观——入乡随俗、求同存异的多元文化观和相互理解、相互尊重的文化平等观。

案例⑦：选修 6 第 5 单元的 Reading：An Exciting Job

思考题：

A. What makes the writer think that being a volcanologist is an exciting job?

B. What words show the writer is excited about his job?

C. Do you think it is an exciting job? Why or why not?

火山学家是充满危险的职业，而作者用了 exciting 来形容它，体现了作者的冒险精神，也凸显了西方人的价值观。这三个问题环环相扣，解读了文章的主旨，特别是最后一个问题让中西方的价值观进行了一次碰撞。在课堂中，有些学生表示火山学家这个工作太危险，不愿去做。此时教师可以渗透西方优秀的价值观，即为了理想而甘愿冒险的精神，对学生也是一种理想教育。

（6）运用角色转换提问

在进行最终的评价之前，学生的思维要经历分析、综合的阶段，而在这个过程中，多角度思维是一种有效的思维模式。美国心理学家 Guilford（1967）的智力理论指出，从不同的角度思考问题，从多方面寻找问题的多个答案，运用这种思维方式可以使人摆脱传统习惯的禁锢，突破常规的束缚，闯出新路子，提出新颖独到的创见。教师可以采用培养多角度思维的方法——角色转换来设计问题。所谓角色转换是指让学生以不同的读者身份来品读、分析、评价文章，或提出解决问题的方法。

案例⑧：必修 3 第 4 单元的 Reading：How Life Began on the Earth

思考题：

A. Which part of the text will interest a physicist/ chemist/

biologist/ geologist/ environmentalist/...？

B. Do you think it meaningful to find out how life began on the Earth?

本文一个典型的特点就是跨学科。问题 A 让学生以不同的读者身份去品读文章，找到学科的相关信息，同时让学生意识到：生命起源之谜远非生物学一门学科所能解决，而是综合性的科学难题。在其铺垫之下，学生对探寻生命起源之谜有了更大的兴趣。在探讨问题 B 时，学生不仅从提到过的学科角度去考虑问题，甚至还想到了从心理学角度思考探寻生命起源的意义，思维更加开阔。这两个问题也为教材的读后拓展活动（Discuss in groups and give a report to the class. How life began on the earth is one of the biggest puzzles that scientists have found hard to solve. What other puzzles are hidden in the passage? Find them and do some research on them.）做好了心理铺垫，使学生更有热情去探索这些科学之谜。

六、针对学生思维特点，实施巧妙点拨

在课堂教学中，如果老师经常用"是吗"、"对不对"等直接式提问，最终会使学生感到学习的索然无味，失去答题的兴趣。这时教师可以在问题设计时营造一定的"情境"来引起学生的探求欲。在教授新课时，当学生的思维还没有启动时，教师可以通过设置"悬念"，激发起他们认知的冲突，将他们的注意力吸引到所要关注的文本上来，可以提问："从课题上看，课文会写些什么？""你都想知道些什么内容？"这样的问题往往可以使学生形成急盼、渴求的心理状态，孜孜以求，

加速思维。如果教师提问富有情趣,有意味和吸引力,可以激发学生的思维,使他们在思考答案时感到有趣而愉快,在愉快中自然而然地接受教学内容。这就要求教师要巧于设计问题,能激起学生的好奇心和兴趣,促使学生在生疑解疑的过程中产生学习动力,在这样的过程中获得新的知识和能力,让他们因此体味到思考与创造的快乐。从教育心理上来看,也是符合学生学习的规律的。

不同学段的学生,思维发展的水平不同。以高中学生为例,他们的思维创造性有了很大的提高,在学习中能对自己的思维进行自我反省、自我调控,确保思维的正确性和高效率,思维的敏捷性、灵活性、深刻性、独创性和批判性明显增强。因此教师在设计有效问题时,要考虑到不同年龄学生的思维特点,有针对性的提问,才能实现有提问的有效性。具体教学过程中教师要在课堂教学中创设良好的教育环境和氛围,精心设置问题情景,有计划地、创造性地激发学生主动参与探究,不断提出问题、解决问题。教师的提问要能激发学生的求知欲,促进学生思维发展,逐步提高思辨能力和解决疑问的能力。在教学过程中往往会遇到这样的情况,向学生激疑提问但是却"启而不发",或学生对某一问题仅是"浅尝辄止"。这时教师应利用学生的认知冲突和求知欲,把学生的积极性调动起来,通过一些问题的设置,逐步诱导,促其产生一种情不自禁用自己的见解来解决问题的欲望。

一位老师在教《项链》时,引导学生梳理情节、把握主人公玛蒂尔德形象后,以退为进,设计了如下问题:"如果删去小说的后一部分,即玛蒂尔德得知项链是假的这一部分,对原文有什么影响?"一石激起千层浪,学生思维异常活跃,纷纷发表自己的看法。同学们在互动中互相刺激,互相启发。对莫泊桑小说的"意料之外、奇峰突起"的特点有了深刻体会。教师们在教《项链》时也常常会设计这样的问题:"女主人公在得知花了十年的心血偿还的项链是假的之后,她会怎样想,怎样做呢?"这样的问题同样为学生创设一个新的思维情境,来调动他们自己的生活积累,展开想象的翅膀发挥自我的创造能力,在多种可能性中去分析思考和判断。学生自我独特的感受、体验和理解在这样的问题下得到充分的调动。

为培养学生的创造性思维,所提问题应该对学生有激发的作用,能引起学生的探究欲。通过问题的设置,引导学生多角度、多途径寻求解决问题的方法,培养学生思维的发散性和灵活性。这样的问题设计才是有效的、成功的。能激发学生思维的问题可以使学生感到挑战性,能引起他们认知上的冲突,问题易接受,学生在愉悦中思索,学习新知识。因此有效的课堂问题要讲究变中求新,或平中求奇,或以虚求实,或巧引矛盾对比,使学生在新鲜、兴奋的思维状态之中学习,从而取得"事半功倍"的教学效果。

七、注重课堂提问方式,促进有效生成[①]

美国心理学家布鲁纳曾经指出:"教学过程是一种提出问题与解决问题的持续不断的活动。"课堂教学中的教师提问既是一门科学,更是一门艺术。教师要在课堂教学过程中要尽可能地发挥学生的潜能,并且通过他们自主探索来解决问题,进一步培养学生的问题意识和创新能力。有效的课堂提问能使语文课堂教学的气氛表现出更多的独特性和灵敏性,帮学生克服学习中的随意性和盲目性,为他们搭建展示自我能力的舞台。课堂教学中如何实现有效的提问,需要教师在教学过程中不断探索。教师要学会课堂提问的不同方式,有的放矢、因人而异地促进课堂教学达到最佳效果。如果在具体的教学过程中,教师不顾学生的实际学情,或不能觉察到学生的思维困难之处,而是按自己的教学思路进行灌输式教学,则让学生无法真正地解决问题,教师也无法真正实现有效的课堂提问。因此教师要注重搜集学生在学习中产生的问题,这些问题往往是学生学习的思维障碍,应该是教师教学过程提出的问题是否有效性的重要检验依据。教师可以在讲授新课之前,通过让学生自我预先阅读提出问题,这些问题可以帮助教师全面真实地了解学生现有认知水平及可能产生的思维障碍,在进行课堂问题的设计时有据可循。教师可以将教学目标和学生的实际疑问相结合来设问,多在课文的关键处设疑解难,使学生更有效更牢靠地掌握知识和技巧。

比如,一位教师在上曹禺的话剧《雷雨》时,预先让学生去读完整的剧本,并且自我提问。学生的问题反馈上来后,教师发现有不少学生对"周朴园和鲁侍萍之间是否有真情"、"周朴园三十年来到底有没有真正怀念侍萍"这类的问题有各自的思考和疑问。于是决定首先从一个问题"周朴园在谈起30年前的侍萍时,称呼上有怎样的变化"来发问,启发学生对剧本中的主要人物进行全面正确的认识。学生一下子被挑起了兴趣,纷纷寻找起来,从"梅家小姐"到"亲戚关系",再到"又嫁过两次"的"妻子"身份,学生马上领悟到了周朴园和鲁侍萍之间曾经有过美好的爱情,认识到周朴园对30年前的侍萍是有所怀念的;也认识到这中间也是周朴园对自己"君子"美

---

① 汪新华.关于优化语文教师课堂提问的研究[D].上海:华东师范大学,2008.

名的一种维护,认识到周朴园的虚伪和对亲情的冷酷无情。这样的问题设计注重学生的学情和思维能力,更有效地激发学生深入探究课文的兴趣,使教与学从文章表面进入深层结构,同时也教会了学生文章阅读的技巧,更容易让学生接受和理解。另外,在课堂教学中,学生回答问题时也可能出现这样那样的问题,如答非所问,或干脆答不出来等,教师应该根据课堂教学的实际情况,有针对性地灵活设计问题。如果这时教师不顾学生思维情况的变化而生硬地搬用课前设计好的问题,或者在学生答不出来时一个劲地追问学生,都会使课堂提问变成无效的、浪费的。这时候教师可以及时、应变地提出一些疏导性的问题、铺垫性的问题来引导学生走出思维的困境,真正实现提问的有效性。概括而言,教师可以灵活机变地运用提问的方式、包括如下:

(1)阶梯式提问。"阶梯式提问"是从提问的深度上作考虑的,指教师的提问要注重问题和问题之间的坡度和深度,问题不能重复或无效,问题之间要有层次关系,所形成的"问题链"呈"阶梯式"。在课堂教学过程中教师的提问应该要由低层次的机械记忆、认知类问题逐步过渡到深层次的分析理解、综合应用、鉴赏评价类的问题,这样一系列的"阶梯式"提问方式,可以让学生的思考是由表及里的,从而养成从机械记忆到深层思考的良好习惯,注重培养学生思维的深度。

比如在学习《项脊轩志》时,教师围绕着"让学生学会叙事抒情散文的阅读赏析"这样一个中心目标,不妨首先可以设计三个"阶梯式"的问题:①"文章中作者回忆了哪几件事? 哪几个人物?"②"流露出怎样的感情?"③"选材是如何表现主旨的? 选材的特点是什么?"……这样由浅入深的三个层次的提问,使学生从情感上的感受和渲染,到理解文章在写作上善于从日常琐事中选取富有特征的生活细节来抒写感情,得出文章所具有的"事细情真"的特点。然后教师还可以追问"这样通过记物来叙事抒情散文如何能写出真情实感来?",将问题引入更深层的文章写作上来。我们看到这种由浅入深、层层深入形成的"问题链"是遵循语文教学的层次目标和学生思维发展的客观规律,教师的课堂提问注重了问题的坡度和深度关系,便于引导学生一步步地触及文章的内蕴,培养学生思维的深刻性。

又如,教师在教授《陋室铭》一文时,设计了这样几组问题:

提问第一组:

师:粗读课文,同学们对陋室总的印象如何?

生:陋室不陋。

师:"陋室"为什么"不陋"?

生：斯是陋室,惟吾德馨。

师：这八个字中哪两个字最为关键?

生：德馨。

提问第二组:

师：作者的"德馨"表现在何处?

生："苔痕上阶绿"至"无案牍之劳形"五句。

师：到这里来的人多吗?

生：不多。从"苔痕上阶绿"可以看出。

师：到陋室来的人不多,到底是些什么人呢?

生：鸿儒。

师：作者为什么要写自己的朋友是些什么呢?

生：写自己的朋友是博学之士、高雅之士,以显现自己"德馨"。

师：朋友走了之后做些什么呢?

生：调素琴、阅金经。

师：可以看出室主人的志趣如何?

生：高雅。

(教学中顺势板书:景、友、趣)

提问第三组:

师：作者明明在颂自己的陋室,为什么又写"诸葛庐"、"子云亭"?

生：以"庐"、"亭"比"陋室",以"诸葛"、"子云"自诩。

师：作者自诩"诸葛"、"子云"的目的何在?

生：表明作者想从政治上和文学上都干出一番事业。

师：那么,可以看出作者是个什么样的人?

生：有远大的抱负。

师：由此看来,这一句在表意上是"蛇足"还是更进一层?

生：更进一层,是"德馨"的深化。

师：全文结局照应了文中哪一句?

生：惟吾德馨。

（2）辐射式提问。"辐射式提问"是从提问的广度上做文章。教师可以在课堂教学中围绕教学的中心目标以及核心问题，从其边沿多角度地发问，进行发散性的提问，从而形成"问题链"。它可以有以下两种方式：其一，通过这种提问的方式，更好更有效地完成教学目标。比如在讲《阿Q正传》时，要让学生深入认识阿Q这个人物身上存在的"国民劣根性"，以及这种"劣根性"的社会现实意义，教师可以围绕中心人物"阿Q"设计"辐射式"的提问："阿Q生活的未庄中其他人是怎样的生活状态？""作者是怎样称呼这些人的？""他们和阿Q有何相同之处吗？"学生能找到作者称呼未庄的这些人为"闲人"，并且他们和阿Q一样"盲目仰慕"赵太爷，一样爱欺负小尼姑，一样欺软怕硬……从而提醒学生从中心人物阿Q周遭的社会现实中找到人物存在的背景，深刻认识到阿Q的性格形成和当时的社会现实有密不可分的关系，理解了作为一个"典型人物"，其个性和共性的统一。这样的提问围绕文本教学的中心目标和中心人物，教师从其边沿设计了一系列"辐射式"的提问来启发学生的思维，培养学生多角度解决问题的思维能力。其二，通过这种提问方式，培养学生的创造性思维。在课堂教学中，为了引导学生深入思考，加深拓宽教学内容，教师可以通过提问对课文中的人物、情节、场景进行适当的"再创作"，以此来培养学生的创造性思维。如教贾谊的《过秦论》时，可以将杜牧的《阿房宫赋》拿来一起比较阅读，可提问："两篇文章内容上、写作特点上、中心主旨上有何异同？"教《前赤壁赋》一课时，可以将《秋声赋》、《黄州快哉亭记》、《醉翁亭记》等文章联系一起，提问"古人面对大自然时是如何抒发其性灵怀抱的？""对你又有怎样的启示？"总而言之，"辐射式提问"可以围绕核心问题从不同角度启发学生，可以让学生掌握解决同一问题的多种解答方向，使学生不断跟随教师的提问去探幽寻微，既拓宽了学生的思维空间，又培养了他们发散思维的能力，增强思维的深广度，也让他们明白了学习是应该举一反三、灵活变通的。

（3）搭桥式提问。课堂提问中的"搭桥式提问"是注重让学生自行构建知识体系和运用语文思维能力来解决学习中的问题，从而达到教学目的的一种行为活动。在课堂教学中，当学生面对课文的核心问题，产生思维上的障碍时，教师可以采用这种方式进行提问，有利于学生自主地进行思维能力培养与知识体系的构建，教师在其中所起的作用是通过搭桥式的方法引领学生探求知识结论的方向，而不是把答案直接告诉学生。比如在上《阿Q正传》时，为了让学生认识到阿Q的"精神胜利法"，教师可以抓住文章中当"假洋鬼子""举起哭丧棒"打阿Q时他的表现。如果直接问学生"阿Q的精神胜利法是如何起作用的？"，学生可能一下子难以回答到位，出现思考中的难点。教师可以提这样的三个问题：①"阿Q面对假洋鬼子的哭丧棒是怎样的反应和表现?"②在"果然,啪的一声,似乎确凿打在自己头上了"这一处,"阿Q又到底有没有挨打"？③"他为什么是'似乎'又'确凿'地感到？这好像是矛盾的,又该怎样理解呢?"这样将一个核心问题进行分解,然后通过提问,逐步搭建问题桥梁,很自然地使学生自己主动研读起课文来,自主寻找依据,发表见解,有的学生认为他是挨打了,有的学生则认为是他意念精神上挨打了……教师这时顺势利导,让学生在文章中找到答案:阿Q不但对"假洋鬼子"打他的行为没有任何反抗,而且等候着挨打,并且打完之后于他"倒似乎完结了一件事,反而觉得轻松些"。学生到这时真正深刻认识到阿Q精神上的麻木愚昧、凌弱畏强。从这个教学片段可以看出这样的提问时很有效的,教师并没有直接将中心内容灌输给学生,而是将内容分解,通过采用搭桥式的方法进行有效提问,促使学生通过自己的思考来获得认识、解决问题,培养他们自主学习的能力和思维,这样比教师自己从嘴里说出来的要深刻,而且更具有说服力。

(4)直截了当地问。某老师在教授《谁是最可爱的人》一文时,用直问的方法设计了这样一个问题:"魏巍同志告诉我们,《谁是最可爱的人》中的三个事例,是从大量的生动事例中精选出来的,是最有代表性的。那么,魏巍同志为什么选择这三个事例呢？这三个事例有哪些代表性呢？请同学们从不同的角度和侧面思考。"面对这样直接的问题,学生自然会根据自己对文章的不同理解,做出不同的回答。这样的教学,教师既把学生求的欲望直截了当地引入到了对课文的评析之中,又很好地拓展了学生思维的空间。

(5)追加式地问。教师提出启发性问题之后,学生回答问题时,达不到应有的深刻认识,这时,教师就着学生的答案,层层递进,一步一步地追问下去,直到学生认识深刻为止,这便是再启发中的追问法。在《七根火柴》一文的教学过程中,老师提问的情形如下:

教师问:"这篇课文开头三个段落的环境描写有什么作用?"

学生答:"突出草地气候的恶劣,风云莫测。"

教师问:"写草地的气候恶劣,风云莫测,有什么作用呢?"

学生答:"突出红军行军打仗的困难。"

教师问:"写气候恶劣给红军行军打仗造成了哪些困难呢?"

学生答:"给红军吃饭、穿衣、住宿、行路都带来了困难。"

教师问:"有了怎样的条件红军才能克服这些困难呢?"

学生答:"有了火,这些困难就可以克服了。噢！我明白了。这三段的环境描写,突出了此时此地特别需要火。这就为后文情节的发展做了准备。"

在课堂教学中,教师"教"的地位具有天然的话题设置的权力,"教"意味着一方对另一方的预设性的引导。一般来说,对话的话题由教师提出,并且一个话题提出之后对该话题如何讨论也由教师来指导和支配。请看下面一段教学实录①:

  师:同学们,你们觉得《迢迢牵牛星》借助"牛郎与织女"这个美丽凄婉的情神话传说写离别有什么好处?

  生1:使主题更深刻,立意更深远。

  生2:有一点浪漫和神秘。

  师:很有感受力。

  生:更经典。

  师:很漂亮的词。(追问)你还知道中国古代神话传说中哪些经典故事?

  生:梁祝化蝶、精卫填海、夸父逐日、干将莫邪……

  师:还有人补充吗?

  生:女娲补天、鲧禹治水、孟姜女哭长城、白蛇传。

  师:神话是一个民族童年的梦想,是这个民族文学艺术的土壤。你还知道哪些文学作品,借助了这些色彩斑斓的神话传说?

  生:《聊斋志异》、《西游记》,还有屈原、李白的浪漫主义诗歌。

  师:看来比比皆是,你的知识面很广,这些神话传说与天不老,与地同春,有无穷的魅力。《迢迢牵牛星》引用神话传说,还有其他的作用吗?

  生:更有天上人间的感觉。

  师:好! 怎么样理解"天上人间"?

  生:既指天上的"牛郎织女",又写人间的"怨妇思夫"。

  师:你真的很棒! 在你的启发下我甚至明白了《红楼梦》借助绛珠草和神瑛侍者的木石前盟,写出的是林黛玉和贾宝玉之间爱情前世今生的感觉。看来,为增添表现力,我们也可以在作文中涉及一些经典的神话传说。

————————————

① 董一菲.《迢迢牵牛星》教学实录[J].语文教学通讯初中刊,2005(7—8).

师：下面我们来进一步阅读和感觉这首诗。……

这段对话流畅、自然,师生畅所欲言,水到渠成,有知识的梳理与理解,亦有情的生成与感悟。从整个的师生对话来看,教师是话题"借助美丽凄婉的爱神话传说写离别有什么好处"的设置者,也是对话的发起人。对话过程中,多次话题发生了转移,如,到第 5 轮对话中,教师追问"你还知道中国古代神传说中哪些经典故事?",这一话题虽是对学生话题的接续,但话题从"有什么好处"的谈论到"有哪些经典故事"叙说的话题转换是由教师调控的,在经历一番"经典故事"的对话之后,也是由教师把话题又重新转回到"有什么好处"的话题谈论上,并由教师转入下一个话题"下面我们来进一步阅读和感觉这首诗"。

其次,在交际回合中,教师是始动话轮的发起者,学生是教师的始动话轮的动者或受动者。这一点,从以上教学实录不难得到验证。在问与答的对话中,问大多是始动话轮,答问大多是继动话轮,而课堂上的提问和追问,对于学生说,只是偶尔为之,对于教师来说却是最为常用的手段。即使在教师倡导学生问的课堂上,学生的提问和追问也远远不能和教师相比。当然,当对话展开的时候,再启动也可以由学生来发起;在倡导互动和生成的课堂上,学生也完全可成为话题的设置者和新话题的发动人,但同样离不开教师的调控。

(6)深入浅出地问。教育心理学告诉我们,中学生的生活阅历尚不丰富,认知水平尚处在"初级阶段",因而课堂提问必须符合中学生的发展水平。钱梦龙先生在教《故乡》最后一段:"希望是本无所谓有,无所谓无的。这正如地上的路;其实,地上本没有路,走的人多了,也便成了路。"这些句子蕴含着深刻的哲理,学生较难理解,教师就先从浅处提出问题:"鲁迅先生所指的'路',只是指地上的路吗?"学生略做思考便得出结论:"当然不是。这路还包含人生之路,社会之路。"教师接着问:"那么'路'和'希望'之间有什么联系呢?"学生进一步思考后,回答说:"路是靠人走出来的,希望也是靠人奋斗得来的。"教师进一步追问:"那么这句话的深刻含义是什么?"学生水到渠成地得出结论:"地上的路要靠大家走出来;希望也要靠大家为之奋斗,才会变成现实。"这种连续提问,意在化难为易,表面上也是"连环问",其实却是引导学生的思维步步深入的追问。正如《礼记·学记》所说:"善问者如攻坚木,先其易者,后其节目。"

(7)逆向发问。逆问就是不直接问为什么,而是从相反的方面提出假设。一般问问题总是问:"这样写有什么作用?"逆问法则问:"不这样写行不行?"这种问法揭示矛盾突出,刺激性强,是打开学生思维之门的钥匙,是训练学生思维深刻性的有效方法。

钱梦龙老师讲《左忠毅公逸事》时这样问:"文章一开头先交代'风雪严寒'的天气有什么必要? 这几个字去掉好不好?"另外,以贬问褒也是逆问的一种方式,即在作者的匠心独运之处,教师偏以"贬"的语气从反面引发学生思考。

(8)重复强化地问。对于语文课文中较难理解的重点、难点问题,要集中火力,运用抽象、概括、推理等认知方法大设其问或反复设问,以达到知其然并知其所以然的目的。于漪教师在讲授散文《雨中登泰山》时,对雨中泰山景象进行了大量提问:"你们看到的雨中泰山是怎样的景象? 过岱宗坊后首先映入眼帘的是怎样一幅奇景?"……"尽管黄锦、白纱的美景引人入胜,但雨大起来了,不得不拐进王母庙后的七真祠。为什么叫七真祠? 祠中最传神的是什么? 怎么传神?"……当于老师用这一系列富有艺术情趣、层层递进的设问语言把雨中泰山的美景介绍给学生时,实现了教学内容的转换和课堂整体安排的完美结合。

(9)比较式提问。教师通过提出比较性问题,引导学生对事物进行由表及里的深入分析,由此及彼的分析归纳,然后再加以抽象概括,达到对事物规律性的认识,提高学生的辩证思维能力。现以一次公开课《醉花阴》的课堂实录中的一个片段为例①:

师:早年的李清照给我们留下了一部部爱情经典,成为中华民族千余年的精神享受。是不是每一首情歌都可以传唱千年? 前一段时间,我还听到一首流行歌曲,"老公老公我爱你,阿弥陀佛保佑你",还有像"我的爱,赤裸裸"等,都是情歌,与李清照的情歌相比,你喜欢哪一个?

生:喜欢李清照的,那些情歌过于直白,没有《醉花阴》含蓄。

师:直白的不好吗? 有很多情歌都是直白的,"妹妹你坐船头,哥哥在岸上走,恩恩爱爱纤绳荡悠悠",流传得挺广的,不是有句话说,艺术来源于生活吗?

生:艺术来源于生活,艺术高于生活。

师:来源于生活,不代表要等于生活。艺术作品都是从生活中来,但好的作品是高于生活的。生活可以艺术地表达,生活也需要艺术地表达。三千年前孔子在《论语》中说"《关雎》乐而不淫,哀而不伤"。快乐但不是没有节制,悲哀却不过分哀伤,这成为我国文艺美学

---

① 顾文年,安徽省第三届教坛新星语文科《醉花阴》课堂实录中的片段。

的核心。面对喧嚣的尘世，我们要学会欣赏高雅的艺术，在众多的流行元素中不迷失自己，这样，我们在诗歌的阅读中，提高自己的学养，发现新的东西，达到提高自己的境界，这才是我们阅读的终极目的。

另一个教学案例：在《皇帝的新装》的讲析近尾声时，教师印发给学生一个题为《狂人之细布》的古代故事。

昔狂人，令绩师绩锦，极令细好。绩师加意，细若微尘，狂人犹恨其粗。绩师大怒，及指控示曰："此是细缕。"狂人曰："何以不见?"师曰："此缕极细，我工之良匠，犹且不见，况他人耶?"狂人大喜，以付绩师。（南朝《高僧传（初集)》）

师：我们先来看看，这两篇文章在题材和主题上有什么相似之处?

生：《皇帝的新装》揭露了统治阶级的穷奢极欲、挥霍无度、卑劣愚蠢;《狂人之细布》表现了封建社会剥削者爱慕虚荣、贪婪愚蠢的丑态，深刻揭露了封建社会的病状。

师：接下来我们比较两篇文章的结构。

生：情节曲折，故事完整，结构紧凑。

生：两篇文章都是以物为线索展开故事，安排结构。

生：两篇文章的情节结构相似，《皇帝的新装》中的故事，以骗开始，以骗结束；《狂人之细布》中的故事，也贯串一个"骗"字。

师：南朝梁《高僧传》比安徒生的《皇帝的新装》早一千多年。不同时代，不同国度，为什么会产生如此类似的故事?

生：两个类似的故事，都是从真实生活中产生出来的，都反映了当时经济的、政治的现实。

师：这恰恰说明了"生活是写作的源泉"。

(10) 明知故问。明知故问就是巧妙地让学生经历一个自然而然的为新内容的学习做准备的过程。现以一次公开课《乡愁》的教学片段为例：

师：李清照在《武陵春》中写道："只恐双溪舴艋舟，载不动，许多愁。"李清照说"载不动"，而本诗却说"小小的"、"窄窄的"、"矮矮的"、"浅浅的"，并且用了"一枚、一张、一方、一弯"等量词，是不是说明余光中的乡愁比较淡？

生：这是正话反说，反衬出思乡之情的浓烈。

师：原来是"欲说还休，却道天凉好个秋"！这就是诗歌的语言。

（11）连珠炮式地问。连问式要求一口气记住许多问题，用心不能不专，培养了学生良好的听记能力。人人都要回答，都有"表现"机会，不能不积极主动地钻研和熟悉课文，培养了自学能力。连问式的传输方式是多项传输、多层面交往，可以组织同桌互答，四人小组讨论，全班交流。小组讨论，培养了研讨能力。全班交流，培养了演讲能力。连续回答问题，培养了阅读评析能力。

如某教师在教《理想的阶梯》一开始就宣布重点，提出问题：

① 每篇议论文都有作者自己阐述的观点、主张，这些观点和主张就是论点，它是议论文的核心。请问《理想的阶梯》的论点是什么？

② 论点提出是有针对性的，本文的论点是针对"有的青年"中存在的一些现象而提出的，是针对哪些现象？

③ 有的文章论述面广，论点不止一个，其中有统帅全文的中心论点，有处于从属或者处于说明这个中心论点的地位，这叫分论点。课文除了中心论点还有三个分论点，请指出。

④ 这三个分论点在写法上有何特点？

⑤ 一篇议论文仅有论点是不够的，还必须用论据来证明论点的正确性。用来证明论点的事例和道理叫论据。事例要真实可靠，有代表性；道理应是经过实践检验的，为生活所证实的。本文侧重于事例，用事例作论据，只要把一个个事例摆出来就完事了吗？用论据证明论点的过程叫论证。论证最后要作小结，文章是怎样作小结的？

⑥ 要把见解和主张论述清楚不是件简单的事，必须有一定的篇幅。全文共 8 节，可分为几段？并说出各段的段意。

⑦ 理想问题是所有青年都关心的问题，学习本文有何现实意义？

（12）看似荒谬地问。在教学过程中，教师故意用一种荒谬的说法向学生发问，以激发学生的思维，这便是"谬问"。现以某教师在教学《中国石拱桥》的一个片段为例：

教师：这篇课文的标题是《中国石拱桥》，而课文主要写的是赵州桥和卢沟桥，这切题吗？

学生甲：我认为切题。因为赵州桥和卢沟桥就是中国的石拱桥。

学生乙：我也认为切题。因为赵州桥和卢沟桥就是中国石拱桥的两个突出的代表。

当多数学生表示赞成上述说法之后，教师说：你们看这样理解对吗？中国的石拱桥，有的像赵州桥，有的像卢沟桥。（这是教师故意提出的一种荒谬的说法，以引起学生的注意和积极思考。）

学生丙：您这样说不对，赵州桥就是赵州桥，卢沟桥就是卢沟桥，它们不是别的桥。

学生丁：不能说中国石拱桥有的像赵州桥，有的像卢沟桥。中国石拱桥是多种多样。

学生戊：我认为赵州桥和卢沟桥既具有中国石拱桥的共同特点，又具有它们自己的特点。

这样，学生的发言步步深入，他们逐步懂得了，这是举出具有代表性的实例说明事物的方法。在这个教学实例中，教师既没有详细解说，也没有多次发问，只是提出的一个荒谬的说法，就激起了学生的思想波澜，使他们一步一步地自己解决了这个问题。这便是"谬问"的功效。

（13）插播式地问。在教师提出启发性问题之后，学生的思维不能到位，他们理解这个问题确有困难。这时，把学生遇到困难的这个问题，暂时搁置一下，插进来另外一个有关的问题请学生思考。待这个问题的研究为解决原启发性问题创造了条件之后，再引导学生继续研究原启发性问题，这便是再启发中的插问法。

如，在《多收了三五斗》一文的教学过程中，某老师提出了这样一个问题："这篇课文组织材料的线索是什么？"有的学生说以粜米为线索；有的学生说以米价为线索；还有的学生说，以多收了三五斗为线索。针对学生这几个不正确的答案，教师对大家说："这个问题暂时说到这里，先放一放，过一会再继续研究。下面请大家先考虑这样一个问题：这篇课文写了几件小事？"

经过短暂的思考，学生回答出，本文写了米行粜米、街市购物、船头议论，共三件小事。这时，多数学生已有所悟。其中一人回答："老师，我明白了，这篇课文是以旧毡帽朋友的活动为线索组织材料的。"

八、 讲究提问言语形式，恰当达意两全[①]

一定的言语形式总是以一定的认知方式为基础的，每一种言语形式的后面，都有其认知的规律和特征。通过对课堂提问的言语形式的认知机制的探寻，我们看到了每一种言语形式的后面所蕴涵着的思维基础和思维方向，看到了每一种言语形式与思维激活的关系。各种言语形式与思维激活的关系给了我们这样的启示：课堂提问的以言表意和以启行事行为非常重要，它决定了教师对学生的思维的激活程度，同时决定了教师的提问的言语行为的目的能否达到。因此，有必要对课堂提问的言语形式进行归纳总结和分类描述。

（1）提问的句式

① 特指问句。从信息角度看，特指问要求答话人提供具体的信息。此时，听话者需要针对时间、地点、人物、事件、目的、原因、方式、特征等中心信息词作出具体的应答。例如：谁是街亭失守的主要负责人？为什么说诸葛亮对街亭的失守也负有不可推卸的责任？祥林嫂为什么认为自己傻？

② 是非问句。是非问句不要求答话人提供新信息，答话人只需用是或不是、对或不对来回答。例如：《荔枝蜜》的结尾好不好？

③ 选择问句。选择问句也并不要求答话人提供新的信息，答话人只需要选择问句中的一个命题（词或词组）来回答问题。例如：《纪念刘和珍君》中，鲁迅不同意徒手请愿，这样写好不好？愚公究竟是愚笨还是聪明？

④ 附加问句。实际上也是一种是非问。例如：马蒂尔德并不仅仅只是一个虚荣的人，这种说法，对不对？课堂提问中常见的句式有：特指问句、是非问句、选择问句、附加问句。

（2）常见的语义问题形式

疑问句的问题表述主要是由句子的语义决定的，因此，语义问题形式也是课堂提问中常见的言语形式。

① W疑问代词的提问。"谁、什么、什么时候、什么地方、为什么、怎样"的提问。例如：为什

---

① 谭晓云.课堂提问的认知性研究[D].上海:华东师范大学,2006.

么修建古堡？修什么样的古堡？修在哪里？什么时候修？谁来修？怎么修？

②"假如"的提问。要求学生对一个假设的情境进行思考。假设既可以针对人、地、事、物，也可以针对现在、过去和未来发问。例：假如玛蒂尔德没有丢失项链，故事又会怎样发展？

③"举例"的提问。要求学生举出符合某一条件或特性的事物或资料，越多越好，将学生的思维引向发散思维的流畅性训练。例如：为了证明你的观点，你能举例说吗？

④"比较"的提问。就两项或多项资料的关系比较其异同。将学生的思维引向发散思维的灵活性训练。例如：电脑和人脑可以进行比较吗？

⑤"替代"的提问。鼓励学生用不同的字词、事物、含义或概念对原来的问题进行替代。将学生的思维引向发散思维的独创性训练。例如："《边城》节选"这个课文的题目，你认为如何？你有更好的题目来替代吗？

⑥"除了"的提问。鼓励学生突破原来的问题和答案，寻找不同的思路和新的表达，将学生的思维引向发散思维的独创性训练。例如："和"除了作连词时的读音，还有哪些读法？笔除了写字，还有哪些用途？

⑦"想象"的提问。把学生带入问题情境，激发学生运用想象来思考并回答问题。将学生的思维引向创造。例如：故事写到这儿，就戛然而止了，你能够想象故事的结局吗？想象一下，苏比的奇遇是如何推动着故事的情节进行发展的？

⑧劝"组合"的提问。提供资料，对问题进行特征列表，要求学生进行组合和排列。例如：这里有十个可能的人物、十个场景、十个人物可能会遇到的问题和帮助的十个资源，你能够任选其中的元素，组合成一个故事吗？

⑨"联想"的提问。创设问题情境，激发学生通过联想来思考并回答问题，将学生的思维引向。例如：此情此景，你会联想到什么？

⑩"推理"的提问。鼓励学生进行推理，将事物与事物之间的逻辑关系梳理清晰，将学生的思维方向引向理性分析和逻辑推理。例如：从情景一到情景二，我们可以推理出什么？

（3）比喻类比式的问题表述

① 直接类比。直接类比是最简单的一种比较，是为某个个体寻找一个观念、一个物体或一种情境与另一个个体之间的相似之处。基于这样的目的，直接类比的问题表述形式常常是："A和B有什么相似之处？""什么和B相似？""什么像B？""A和B，哪一种更（性质描述）？""看到A，你会联想到什么？"例如：《装在套子里的人》和《项链》有什么相似之处？看到柳树，你会联想到

什么?

② 个人类比。个人类比要求学生进入问题情境,转换角色,成为某样事物或某个人,进行换位思考。问题形式常常表现为:"假如……你会……?""如果你是……,你会……?"例如:假如你是玛蒂尔德,得知项链是假的,你会怎样做? 假如你是学校门前的停车标志,你怎样让更多的人停车? 如果你是那个皇帝,听到小孩的议论,你会怎么样?

③ 反义类比。把语义截然相反的概念放在一起,让思维在两个端点上活动,需要学生具有一定的抽象水平。问题形式主要有:"A 和 B(一组反义词)有什么相似之处?""什么像 A 的 B?"例如:悲伤和幸福有什么相似之处? 什么行为像活着的死亡?

(4) 课堂提问的言语结构形式

课堂提问使用疑问句来进行,但大多数情况下,提问的功能实现并不仅仅是一个独立的疑问句能够完成的。有时提问是单问,只使用了一个疑问句,但前后有铺垫和说明;有时提问是复问,使用了一组疑问句来进行表述。根据提问的言语结构形式的不同,我们把提问的言语结构进行了分类。如图所示:

无疑问词提问	单式提问				复式提问		
	独立式提问	综合式提问			总分式提问	并列式提问	递进式提问
		前言式提问	后语式提问	前言后语式提问			

① 补足式提问。发问形式是一个以疑问语气表疑问的句子,没有疑问代词,信息空缺被省略,希望学生能够填补。例如:

我们有一个成语叫——?

沙坡面南背北,中呈——?

② 独立式提问。发问形式是一个单独的疑问句,没有前言后语的铺垫和说明。例如:

树为什么要被锯掉?

鸟儿为什么两次盯着灯火看了一会儿?

③ 前言式提问。发问形式是:前言＋一个疑问句。前言可以是对内容的铺垫、导入,也可以是对问题所出现的环境或上下文的语境交代和说明。例如:

一张白纸,有多种多样的用途,同样,一则材料也会引出多种多样的立意。要使我们的立意不局限在一个平面上,我们应该怎样来开拓思路?

刚才都是谴责猪八戒,赞扬镜子,难道猪八戒就没有可取之处吗?

④ 后语式提问。发问形式是:一个疑问句+后语。后语可以是对问题情况的说明、注释和启发,也可以是问题提出后对学生的要求的补充。例如:

对小鸟你们有什么话想说吗? 你的感受,你的收获,你的疑问等,都可以。

这对好朋友在分别时,是怎样进行对话的? 请你就近找一位好朋友,来后续这组对话。

⑤ 前言后语式提问。发问形式是:前言+疑问句+后语。例如:

如果说余光中的乡愁是一杯陈年老酒,那么席慕容的乡愁就是一杯温热的咖啡。你能品出这其中的不同吗? 同学们可以从诗歌的表达方式,或者从诗歌的意向的运用上,仔细比较和品鉴。

⑥ 总分式提问。由两个或两个以上的疑问句构成,疑问句之间的逻辑关系是总分关系。发问形式是:一个疑问句(总)+N 个疑问句(分)。例如:街亭失守是谁的过错? 如果错在诸葛亮,为什么? 如果错在马超,又为什么?

⑦ 并列式提问。由两个或两个以上的疑问句构成,疑问句之间的逻辑关系是并列关系。发问形式是:一个疑问句(并列)+N 个疑问句(并列)。例如:这篇小说的主题思想是什么? 塑造了怎样的典型形象? 有哪些写作特色?

⑧ 递进式提问。由两个或两个以上的疑问句构成,疑问句之间的逻辑关系是递进关系。发问形式是:一个疑问句(递进)+N 个疑问句(递进)。逻辑上的递进关系常常在课堂上表现出追问的结构。例如:猪八戒砸镜子对吗? 为什么错了? 镜子做得对了吗? 为什么? 猪八戒就没有可取之处吗? 镜子就无可挑剔了吗?

语言文字是表情达意的工具和载体,阅读作品必须借助语言文字披文入情。因此,要与文本对话,就要正确理解文本的语言文字,引导学生在语言的品味过程中不断充实精神生活,完善自我人格,提升人生境界,并加深个人与国家、个人与社会、个人与自然关系的思考和认识。如某教师教《兰亭集序》时就是从品析语言入手,来体验作者"乐、痛、悲"的情怀,较精彩生动。下面是其中的一个片段①:

---

① 汪新华.关于优化语文教师课堂提问的研究[D].上海:华东师范大学,2008.

师：请大家从第一部分找出最能表现作者情感的字眼。

生：乐！

师：为何而"乐"？

生：人贤，聚会是"群贤毕至，少长咸集"。

师：人贤，这是一乐。

生：良辰，聚会是在"暮春之初"，"天朗气清，惠风和畅"。

师：良辰，这是二乐。

生：景美，聚会之地"崇山峻岭，茂林修竹"，"清流激湍，映带左右"。作者从山岭、林竹、水流三方面写出环境优美，从而衬托了人们引酒赋诗的高雅情趣。

师：景美，这是三乐。

生：事趣，"流觞曲水"。文人都是高雅之士，因此，他们的聚会免不了"酒"与"诗"，"酒"是感情的催化剂，"诗"是情感的"产品"。于是诗兴大发，他们纷纷临流赋诗。虽无丝竹管弦之兴，然而可以"畅叙幽情"，各抒怀抱。看到这几句，似乎时光倒转，回到兰亭集会上，仿佛看到了这些雅士间儒雅的风度和诗意人生，这种美好的聚会自此以后成为千古美谈。直到今天，每年三月三日，有许多书法家、画家、文学家都会汇集此地，流觞曲水，借古人之地，抒现代人的豪情。

师：事趣，这是四乐。

生：情真，宴会之中"一觞一咏，亦足以畅叙幽情"。

师：情真，这是五乐。

生：赏心，"天朗气清，惠风和畅，仰观宇宙之大，俯察品类之盛，所以游目骋怀，足以极视听之娱"。就在这样一个清澄明朗、生机盎然的时空中，作者感受到了生命的情趣和审美的愉悦。整段文字意境开阔，感情乐观。天朗、气清、风和、日丽、仰观、俯察、游目、骋怀。自然工整，一气呵成，饶有兴味。

师：赏心，这是六乐。

师：作者发出由衷的感叹，"信可乐也"。这实在是人生的极致。这种乐是对兰亭美景的陶醉，是来自于兰亭集会的畅快。请大家诵读第一部分，体验这份乐！

九、立足新旧衔接提问，做到承前启后

任何新知识的学习都是在旧知识的基础上进行的，这种内在联系为学生学习新知识架起了桥梁，通过教师的设问、质疑，使学生在知识内容与求知心理之间，产生一种"心求通而未得，口欲言而不能"的状态，从而使学生的思维在"旧知识固定点——新旧知识临界点——新知延伸点"上有序展开，促进学生良好认知结构的形成。教师在不同教学内容更替之时，应通过提问搭桥铺路，使新旧知识、前后内容有机衔接，以承旧转新、承前启后。

例1①：在讲到二氧化硫的漂白原理时，教师播放了事先录好的学生实验录像，提出这样的问题："二氧化硫能漂白银耳，但只能漂白湿润的银耳，为什么？"因为二氧化硫对于学生而言是第一次接触，学生有可能陷入冥思苦想的状态，这时，教师不失时机地利用旧知识进行启发："同学们可以联想一下氯气的漂白原理，氯气为什么不能使干燥有色布条褪色，而能使湿润的有色布条褪色？"（氯气溶于水发生了反应，生成了的次氯酸具有很强的氧化性而具有漂白性。）通过这样的提示，学生自然会想到二氧化硫不能使干燥有色布条褪色，而能使湿润的有色布条褪色这种性质也不是本身的原因，而是因为生成一种新的物质具有漂白性？学生通过思考、讨论、分析，明白了二氧化硫具有漂白性是因为溶于水生成的亚硫酸能与有色物质结合，生成一种无色且不稳定的化合物，加热又会恢复为原来的颜色。又如在学习硫的性质时，启发学生回忆研究物质性质的方法和程序，然后按照这种程序学习硫的性质。教师在新旧知识衔接处即最近发展区间进行启发，是启发时机把握中最基本的。

例2②：某教师导入新课"价值规律的基本内容"，首先提出了一个问题："同学们都去过商店，购买过商品，请你说说不同的商品价格不同的根本原因是什么？"学生答："价格是商品价值的货币表现。价格的大小是由生产这种商品的社会必要劳动时间决定的。因此，不同的商品价格不同的根本原因在于生产商品的社会必要劳动时间。"接着又问："同一商品的价格在不同的时间、不同的地区，其价格也是不一样的，请同学们举例说明。"学生答："冬天的青菜与春天的青

---

① 沈绍波，胡志刚. 开启思维的钥匙——化学课堂"启发最佳时机"初探，http://www.fyeedu.net/info/129067-1.htm.

② 赵锦祥. 政治课教学提问和举例的艺术[J]. 无锡职业技术学院学报，2004(2).

菜价格不一样,中秋节前后月饼价格不一样。"教师肯定了同学们的举例后归纳:这些商品的价格从表面现象看是人为制定的,但是,实际上在它的背后隐藏着一个客观经济规律,是它在指挥着人们应该如何确定商品的价格,那么,隐藏在商品经济中的客观规律是什么? 这就是我们今天要讲的内容——"价值规律"。通过层层设问,环环紧扣、步步相连,把新旧知识内在地联系起来,过渡自然,巧妙得体。

在新旧知识的衔接处提问,教师可以这样开头①:"我们已经学过……请同学们回忆一下,什么叫……"教师可以提出回忆性问题,学生通过口头陈述的形式来复习旧知,例如:(l)我们已经学过面积和面积单位,现在复习,什么叫面积? 常用的面积单位有哪些? (2)什么叫正方形的周长呢? 怎样计算正方形的周长呢?

还可以这样提问,"同学们对……掌握的怎么样呢?"教师也可以出示一些练习题,学生通过做题的形式来复习旧知,例如:(1)同学们乘法口诀掌握的怎么样呢? 现在来考考大家。(2)同学们,我们已经学习了自然数、整数和整除的知识。现在老师想了解一下,你们对这些知识掌握的怎么样。请同学们想一想:什么样的数叫做自然数?

还可以这样讲:"请同学们说一说,黑板上哪些是……"教师提出问题,学生通过辨别来复习旧知,例如:(1)(出示小黑板,上面画有 5 个标有序号的不同图形)请同学们说一说,黑板上哪几号图形是长方形? (2)(出示小黑板,上面列有一些算式)现在来看看这些算式里哪些是属于整除?

教师还可以这样问:"……为什么是……"教师对于学生的回答进一步追问,让学生解释为什么是这样,以便分析学生回答中隐含的思考过程。例如:(1)这些图形的形状不同,为什么涂色部分都是它的 1/4? (2)为什么现在通过观察比较有不同结果? (3)我们再来看前面一位同学提出的问题,他们两人都拿了全部铅笔的 1/3,拿出的铅笔支数却不一样多,这是为什么呢?

教师也可以这样问:"你是怎样算出(或得到)……的?"教师对于学生所说的计算结果进一步追问,让其解释怎样得出来的,以便分析学生内在的思考过程和计算方法。例如:(1)哦,那你们是怎么得到这个答案的呢? (2)48 是怎么来的? (3)说一说你是怎样验证的? 把你的方法介绍给大家。

---

① 柳晓丹.优秀数学教师的课堂提问研究[D].上海:华东师范大学,2011.

最后，教师还这样问："今天我们学习的……与以前学过的……有什么不同（或相同点）呢？"教师可以通过此类问题来阐明新旧知识之间的区别和联系，例如：(1)今天我们学习的平方米、平方分米、平方厘米与以前学过的米、分米、厘米有什么不同呢？(2)今天所学的分数和以前学习的 1 之间有联系吗？(3)刚才两题都要求什么？它们的解题方法有什么相同点？

另外，教师还可以问："你用什么方法记住它呢？"教师指导记忆的方法，代替学生建立鲜明生动的形象，帮助学生记忆。例如屏幕出示《西游记》中的图片和相关文字，问学生："这段文字中有两句乘法口诀，你发现了吗？"

十、 把握教学重点提问，突出课堂目标

提问点的选择是提问整个过程的第一步。[①] 它选择得恰当与否，能够直接影响到提问的效果。提问点选择的恰当，就能够引起学生对问题的共鸣，激发学生的兴趣，引发学生的思考。反之，在不该提问处提问，会使提问的功能单一，使学生被动地配合老师，形成了为提问而提问的状况。

(1) 在重难点处设问

教学过程中通常会在一节课的重、难点处设置问题。重点知识是要求学生必须要掌握的，而这些知识在学生初次接触时并不一定会重视，往往认为很简单，好理解。以物理课为例，一些物理概念表面上看起来很简单，学生认为只要背下来就好了。然而掌握概念是学习物理的基础，如果没有一系列的物理概念为基础，是无法形成物理学的体系的。教师就要在此处设置问题，一方面引起学生的重视，另一方面帮助学生进行深入理解。难点是指学生不易理解的知识，或不易掌握的技能技巧。在此处设问，可以分解问题的难度，帮助学生搭建学习的阶梯。学生在教师一步步的启发引导下，使那些原来陌生的、难以理解的知识逐渐变得熟悉起来和比较容易理解，学习能力也会在不知不觉中得到提高。

例如，在学习自由落体运动的时候，学生在生活中的一些经验会使他们的理解陷入困境，为了帮助学生认识问题，教师可以这样找到发问点。首先，让学生观察演示实验一（一枚硬币和与

---

① 聂丽英.中学物理课堂提问策略研究[D].长春：东北师范大学，2009.

其大小相同的纸片同时同地下落），提问学生得到什么结论，物体下落快慢与什么有关。然后，观察实验二（将纸片揉成纸团与硬币同时同地下落），提问学生有什么结论，为什么与前一个实验不同，这时部分学生可能会修正自己先前的结论，也会有部分学生陷入矛盾。再接着提问学生"此时，你们认为物体从同一高度由静止开始下落的快慢与哪些因素有关，有什么样的关系？如果完全忽略空气阻力影响结果又会是怎么样呢？"这样，通过问题和观察，学生逐渐清楚地知道，物体由静止下落的快慢与它受的空气阻力有关，与质量无关。

（2）在貌似无疑处设问

教材中有些内容，学生似乎一看就懂，处于无疑的境地。若我们从浅处深问，在无疑处激疑，则可收到良好的效果。例如讲授"南京国民政府的建立"一节时①，学生对"国民政府的北伐"这一内容似乎极易就掌握：既知道北伐的目的、对象；又清楚北伐的经过、结果。从现象上看，仿佛"无疑"。若及时设问："南京政府的北伐在形式上是北伐战争的继续，但性质则完全不同，这如何理解？""既然张作霖是日本帝国主义的侵华工具，为什么日军还要制造皇姑屯事件？""皇姑屯事件和济南惨案的发生，说明了什么问题？"学生虽一时答不上来，但可促其思维。教师趁机对其引导，从而使他们排除了疑点、深化了知识。貌似无疑是学生学习中思维停留在浅层面的反映，不是真的没有问题，而是学生没有发现深蕴其中的问题。在物理学科中，这样貌似无疑实则疑问尤其多，如一些物理规律，中学阶段一般都是用一段简洁的话把某一规律的物理意义表述出来。学生在刚刚接触时，就会将其字面的意思作为认识的全部，认为只要将这些定理、定律等背下来就可以解决一切问题，而不去体会更深层的含义。这时教师就要及时的设置问题，来促使学生的思考由表及里、由浅入深，开阔学生的思维，培养学生自我反思的习惯。

例如，在动量定理的教学中，动量定理表述为："物体在一个过程始末的动量变化量等于它在这个过程中所受力的冲量。"它是由"用动量的概念表示牛顿第二定律"而进一步推出的，学生在学习过程中，大部分的精力会用在推导的过程，对这一结论会认为理所当然，而不去深入理解。这时，教师就可以向学生提问："在动量定理的这一表述中，'等于'两个字有什么含义？它代表了动量变化和冲量之间的哪些关系？"这一问题可以引起学生对定理内容的注意，通过问题

---

① 黄伟勋. 简谈初中历史课堂提问艺术的探讨与实践，http://wenku. baidu. com/view/7066431cc5da50e2524d7f37. html.

的解决可以使学生更加深入的理解定理,并且能够使学生在以后的学习中更加注意细节,考虑问题更全面。

(3) 在与实际生活相关处提问

以物理学科为例,它是一门自然科学,与实际生活紧密相联,来源于生活中的各种现象,而又高于生活。物理学的知识和研究方法已经广泛地应用于各种生产和技术领域。然而,在中学物理教学中,存在着不同程度的只注重学生是否会解题、拿高分的现象。过多的题海战术,使得学生身心俱疲,不知学物理为何用,对物理失去兴趣。教师在教学中,应该多设置一些与实际相关的问题,引导学生用已学的物理知识进行解释,既能巩固、应用知识,又能让学生觉得物理是与生活息息相关的,学习物理的用处很多,从而可以提高学生的学习兴趣。例如,学习"热传递"时,可提这样一个问题:"把包着同种纸的木棒和铁棒,同时放在火上烧,问哪个棒上的纸先燃?"木棒、铁棒、纸、火都是学生熟悉的物体,但在这里将它们有机组合起来学生仍有新鲜感,仍会激起学生的探究兴趣。

又如,在学习了静摩擦力之后可以提问学生:"你们能说一说出生活中那些现象是与静摩擦力有关的吗?"这不仅能使物理教学与生活实际相联系,还能够锻炼学生的发散思维。

数学课例①:引入二次根式时,一位教师这样提问:一块正方形布匹的面积是 8 平方米,它的边长为多少? 学生反过来问:没有边长,怎么会知面积呢? 这样的问题就隐藏了知识的形成,不能激起学生学习的欲望,更谈不上启发思维。另一位教师稍作处理:一个正方形纸片,如果它的边长为4,它的面积为多少? 若把四个顶点折向中心,得到一个新正方形,它的面积为多少? 它的边长又是多少? 这样设计的问题,让学生处在一种情境中,感到现实生活中确实存在这样的问题,我们必须要去解决它,从而引发了学生的认知冲突,激发了学习的欲望,同时还原了知识的形成过程,引导学生进行合理思维。

其中,在知识的重点处提问,是提问时机把握的"重中之重"。知识重点处是课本各章节最重要的内容,往往也是难点即最难理解的内容。如,数学例题:"学校美术组有 35 人,其中男生人数是女生人数的 2/3,女生有多少人?"教学重点是让学生掌握解题的思路和方法,难点是理解和

---

① 周晓宏. 小班化数学课堂教学贵在导"思",http://www. njxbh. net/HTMLNEWS/720/200942194928. htm.

掌握数量之间的关系。由于此题中有"中间问题",且数量关系隐蔽,学生难以找到解题的思路和方法。教师分别设计如下几个问题进行启发引导:(1)这道题把谁看成单位"1"?(2)把女生人数看成几份?男生人数有这样的几份?(3)女生人数是美术组总人数的几分之几?(4)怎样根据分数的意义求出女生有多少人?

在实验探究的关键处提问,是提问时机把握中的"点睛之笔"。实验探究的过程是一个动态的过程,有很多未知的、难以预料的生长点。教师提问题要集中在那些牵一发而动全身的关键点上。如,教学平行四边形、三角形、梯形、圆形的面积计算,教学重点是让学生掌握各图形面积的计算方法,难点是各图形面积计算公式的推导,关键是让学生掌握"转化"这一数学思想方法。因此,教师要在其"转化"点上提问,引导学生动脑思考,动手操作,剪、拼,把未知图形转化为已知图形,找到其计算方法,推导出其面积计算公式,培养学生的探究精神及创新思维。

英语课例①: Olympic Games 话题学习的语言知识目标重点之一是 every four years 的用法。教师在教学过程有意识地提问:"How often is Olympic Games held?",引出"every...",再插入短时间的问答练习:"Could you tell me how often do you wash your hair?"学生答:"every three days","every two days"。当答"每两天"时,教师抓住学习语言知识时机,说:"That's to say, you wash your hair every other day."这样就自然地将语言知识目标融合在整体理解话题的内容中。

十一、针对学生思维障碍,突破认知瓶颈

在思维障碍处提问,是提问时机把握的关键。思维障碍处是指学生对问题疑惑不解、不知所措,思维处于矛盾状态,无法继续进行之处。一般而言,每堂课的内容中都有相应的教学难点,它是阻碍完成本节课教学目标和影响整节课的教学效果的主要因素,没有处理好教学难点,则直接影响到学生对新知识的理解和掌握,更谈不上思维能力的培养。为此,教师在进行教学设计时,应针对本节课的教学难点,并根据"最近发展区"理论,在学生思维的障碍处,通过巧妙

---

① 高中英语课堂提问有效性策略研究,http://wenku. baidu. com/view/e0525659be23482fb4da4c88. html.

设计问题情景,启发引导学生运用已有知识和经验去分析、思考、探究所提出的问题,并最终解决问题。

化学课例:盐类水解的实质是学生学习盐类水解知识的难点,而且是上课伊始就首先要解决的问题。教学时通过实验提出问题让学生去探究:①为什么 CH_3COONa 溶液呈碱性呢? ② CH_3COONa 溶液呈碱性说明溶液中 $C(H^+)$ 和 $C(OH^-)$ 的大小关系如何? ③ $C(H^+)$ 和 $C(OH^-)$ 不等应该是溶液中的离子间发生了反应,同学们能分析一下是溶液中的什么离子发生反应吗? 在探究这个问题时,必要时可提示学生找出溶液中存在的离子,后根据离子反应发生的条件进行判断。④知道了 CH_3COONa 溶液呈碱性的原因,同学们能不能自己分析 NH4Cl 溶液为什么呈酸性吗? NaCl 溶液为什么呈中性呢? 这种以问题串形式并在学生思维障碍处进行提问,一环紧扣一环,由浅入深,层层深入,激发了学生学习和探究的欲望,培养学生分析问题和解决问题的能力,从而深刻理解和掌握所要学的知识,并最终提升了学生的化学学习能力。

语文课例①:《论雷峰塔倒掉)中雷峰塔是封建势力、封建思想的象征,为解决这个问题,可提出如下问题:"雷峰塔下压着什么人?"(白蛇娘娘。)"白蛇自迷许仙,许仙自聚妖怪"中为什么要用两个"自"? (白蛇娘娘、许仙是两厢情愿自由结合,追求的是自由幸福的生活。)"法海偏放下经卷,玉帝怪法海多事,他多管了什么事?"(法海横加干涉自由幸福生活,造塔镇压了白蛇娘娘。)"破坏白蛇、许仙的婚姻自由,镇压他们幸福生活的雷峰塔象征了什么?"(封建势力对人民追求自由幸福的压迫,封建思想对人们的束缚。)这样,顺着问题的坡度,学生很容易就能解决了这一难点。所以,在学习难点之处加以提问,并形成一定的坡度,便会降低问题的难度,使学生很容易理解。

某小学语文教师从下面几个方面来进行障碍扫除提问②:(1)查漏补缺。小学生在思维方面存在着一个明显的缺陷,就是不能对课文中一些相对复杂的问题做出较为全面的分析和理解,往往犯以偏概全的错误。针对这一缺陷,教师可尝试通过查漏补缺来有意识地训练和培养学生思维的全面性。如教《赤壁之战》一课,教师组织学生围绕"东吴军队以少胜多的主要原因有哪

---

① 李兵.提问艺术—浅谈提问时机的把握[J].六安师专学报,2000(1).

② 杨宏云.于思维障碍处施导,http://www.ruiwen.com/news/308.htm.

些方面"这个问题进行讨论。同学们的发言十分踊跃,但归纳起来不外乎两点:第一,因为曹操的水军不如东吴的水军强大;第二,因为周瑜听取了黄盖的建议,采用火攻。显然,同学们的回答遗漏了一个重要方面,这就是曹操作为曹军统帅的主观态度对战争结局的影响。于是教师要求学生细读第5、6、8三个自然段,然后继续讨论。马上就有学生说:"曹操接到黄盖送来投降的信,'欢喜得不得了'说明他过分骄傲、盲目乐观,而骄兵是要打败仗的。"又有同学回答:"曹操笑着说:'黄盖没有失信,果然来投降了。'这说明他极端的麻痹轻信也是要吃败仗的。"还有同学说:"课文讲'曹操只知道是黄盖来投降了,高兴还来不及,哪儿想到防备。'这说明骄傲自信,麻痹大意,放松戒备,的确是曹军失败的一个原因。"通过这样一番查漏补缺,不仅圆满地解答了问题,学生也受到一次思维全面性的训练。(2)寻根究底。小学生在阅读思维方面存在的另一个缺陷是:对问题的思考普遍缺乏深度,往往只看到事物的表面现象,而不能透过现象看清其实质。如在教《小音乐家杨科》一文时,教师先向学生提出一个极富弹性的问题:"是谁害死了小杨科?"马上就有学生不假思索地回答:"是狠毒的更夫。"这个学生的回答的确与课文的情节相符合,但可以明显看出他对课文内容的理解还停留在较为肤浅的层面上。于是教师追问:"更夫的幕后指使者又是谁呢?"问题一提出,课堂一下子热闹起来。有的同学说:"是没有人性的管家,是他指使更夫打死小杨科。"有的同学又进一步补充说:"管家是地主的忠实走狗,所以害死小杨科的罪魁祸首应是狗地主。"这时教师又因势利导作进一步追问:"地主和他们的狗腿子们为什么可以在光天化日之下随便打死人而又逍遥法外呢?"通过这样一番连续的追问,学生终于弄清了问题的实质:原来,地主和管家之所以能够为所欲为,草菅人命,是他们背后有那个黑暗的封建制度为他们撑腰,小杨科只是千万个被害的穷孩子中的一个。(3)追因溯果。小学生往往喜欢孤立地看问题,头脑中还没有树立普遍联系的思想观念。如教《将相和》一文,有个同学质疑:"课文先后讲了'完璧归赵'、'渑池会'和'负荆请罪'三个故事,但只有第三个故事才涉及课文标题,所以我认为这篇课文的标题概括性不强。"教师一方面对这位学生能结合课题来思考文章内容的探索精神给予充分的肯定,另一方面也指出他孤立地看问题的思维局限性,让他想一想,前两个故事和第三个故事之间有无必然的因果联系。经过一番思索,学生终于弄清这三个段落之间的因果联系:正是由于有蔺相如"完璧归赵"和"渑池会"上的非凡表现,当上了比廉颇还大的官,所以才引起廉颇的妒忌,也才有后面"负荆请罪"的发生。因此课文以"将相和"作标题,的确集中而又准确地概括了全文的内容。

数学课例①：教"百分数的意义"，在巩固深化练习环节时出示这样两题："1.一袋米，用去了87％；2.一堆煤，用去了87％吨。"让学生判断正误并说明理由。第一题学生均能正确回答，第二题学生不知正确与否，说不出理由。此时教师可提问：第一题中的"87％"是一个什么数？它表示什么意思？学生回答后，教师紧接着又问：什么叫做百分数？第二题中的"87％吨"是百分数吗？谁能说出是与不是的理由？

扮演魔鬼，让学生于无疑处生疑，也是引发学生提问的技术。在传授式的教学中，教师一直是"真理的代言人"，而在对话式的教学中教师时常可以充当"魔鬼代言人"。所谓魔鬼代言人，就是教师有意在可能困惑处、于细微不经意处导入错误的迷途，或把常理引入特定的、悖反的情境，让学生疑窦重生，迷途知返，或另辟蹊径。及时提问还可开拓学生的思路。如教学《认识分数》②，教师要求学生折纸并涂色，以表示"几分之一"。

问："你表示出了几分之一？是怎么表示的？"

生1："我把圆平均分成4份，每份是它的四分之一。"

生2："我把正方形平均分成4份，每份是它的四分之一。"

（教师收集不同图形的四分之一，贴在黑板上）问："这些图形的形状不同，涂色部分也不同，为什么涂色部分都能表示四分之一？"

生："因为它们都被平均分成了4份，涂色的1份就是它的四分之一。"

就这样，教师抓住突破口进行提问，引领学生透过现象进行深入的比较和辨析，把一些非本质的属性撇开，把本质的属性抽象出来加以概括，从而突破学习的难点。

十二、透过现象探寻规律，促进由表及里

在规律探索处提问，可以增加提问时机把握的深度。学生通过自己探索得来的知识往往记得住、用得活。因此，教师可以通过提问，让学生通过自己的推理判断，找出规律，这样不仅使学生学到了规律本身，更为重要的是，学生养成了探究的良好习惯，感受到自主探究的乐趣，形成

① 覃小平.数学课堂提问的技巧与时机[J].广西教育,2012(3).

② 王文娟.浅谈数学课堂中的提问艺术,http://www.jxteacher.com/lgs/column40853/08ac209c-4644-4485-a9b8-5d1a9c6629ab.html.

了自主探究的方法,有利于促进学生学习能力的提高,培养学生思维的灵活性和深刻性。

化学课例:在进行弱酸酸式盐溶液酸碱性的判断时,教师让学生测定 $NaHCO_3$ 溶液和 $NaHSO_3$ 溶液的 pH 值,然后提出问题:为什么同样是弱酸的酸式盐,$NaHCO_3$ 溶液呈碱性,而 $NaHSO_3$ 溶液呈酸性呢? 后经教师引导,学生自主进行分析和推理,找出弱酸酸式盐溶液呈酸或呈碱性取决于是电离起主导作用还是水解起主导作用的规律。此时,教师可进一步列举 NaH_2PO_4 和 $NaHC_2O_4$ 溶液的例子,以强化学生对所探究规律的理解。

数学课例:在教学"9 的乘法口诀"时,当学生编出口诀后,教师把这 9 句口诀按得数从小到大的顺序竖着写在黑板上,提问:"请大家从上往下或从下往上看,你发现 9 的乘法口诀有什么规律?"让学生通过自己探索规律而掌握新知识,感受到学习成功的乐趣。

物理课例①:传统的物理教学只重视纯知识的教学,教学者为了使自己讲得清、讲得多,经常把自己的思维让学生套用,强加于学生,学生的思维得不到有效训练,思维能力得不到有序发展。久而久之,学生只会处理已简化了的物理对象和理想化的物理模型,遇到实际问题就不知所措。因此,教师就必须结合生产和生活中的实例,不断创设问题情景,培养学生从实际问题中抓住主要因素,提取物理对象和物理模型。充分利用现代教育手段创设符合教学内容和要求的问题情景,增加学生的感性认识,激发学生的学习兴趣,形成学习动机。例如,通过多媒体手段,展现实际情景:输送带送物、刹车滑行、跳水运动、小孩滑滑梯、荡千秋、亮度可调的台灯、光导纤维传送光信号、原子弹爆炸等,问:"这些真实的实际情景可设计成什么类型的对应物理问题?"答:"摩擦力问题、匀减速问题、竖直上抛问题、斜面动力学问题、单摆问题、电路调压问题、全反射问题、核裂变问题等",让如此的提问穿插在平时的课堂教学中,加强理论与实际之间的联系,帮助学生建构当前所学物理知识的意义,逐步培养学生主动观察自然——寻找问题——运用所学知识解决实际问题的应用能力。

十三、 本着课堂知识延伸,实践举一反三

有些知识是在课堂教学中不断延伸出来的,有些学生想得到,有些按照学生现有知识储存

---

① 黄祝旺. 提问是最好的反馈方式. http://bbs. jxjyzy. com/space/viewspacepost. aspx? postid＝50722.

无法触及。在这些延伸处适当启发，培养学生的发散思维，拓宽学生的知识面，为后面的教学打下基础。在知识延伸处提问，可以拓展提问时机把握的广度，可以培养学生发散思维，拓宽学生知识面，为后面的教学打下基础。

例1[①]：在"硫的转化"第三课时的教学中，学生明白了二氧化硫是酸雨的罪魁祸首。这时教师话锋一转，问学生："二氧化硫是酸雨的罪魁祸首不会错，但是它是否就一无是处呢?"这个问题是学生没有想到的，学生于是通过课后查找资料，明白了二氧化硫既有过也有功。二氧化硫在食品工业中可作食品工业的防腐剂，可作食品化妆师，将杂色除去，同时还具有漂白性。通过这样在知识延伸处启发，教育学生用辩证唯物主义的观点来看待事物，培养了学生的发散思维，在知识延伸处启发拓展了启发时机把握的广度。

例2[②]：在教学"长、正方形的面积计算"时，课上，教师让学生在草稿本上画出一个长8厘米、宽5厘米的长方形和一个边长6厘米的正方形，提问："把这两个图形沿着对角线平均分，可以得到什么图形? 得到的这些图形面积各是多少?"学生画线平均分并说出用长方形或正方形的面积除以2即得所求面积；教师接着问："你们能根据图中已知条件说出或推导出三角形的面积计算方法或公式吗?"这样提问，既能激发学生探究、解决新问题的兴趣，培养学生的发散思维，又能为学生后续学习三角形和梯形的面积计算打下良好基础。

例3[③]：在学习《孔乙己》时，教师这样提问："鲁迅先生的文章，有不少是可以用'课中比读'的方法来进行品读欣赏的。如《从百草园草三味书屋》、《雪》、《故乡》、《闰土》等。百草园与三味书屋对比，南方的雪与北方的雪对比，故乡的从前和今天对比，少年闰土和成年闰土对比……《孔乙己》同样能够这样，请把视线落到4、11段。通过细致之处的对比来感受孔乙己的变化。比如，孔乙己拿钱的动作，开始是排，而后是摸。请从两段中找出细微的地方，然后阐述表达了什么? 动笔先画下来，再分析、旁注。活动时间五分钟。"

学生作答：

---

① 沈绍波，胡志刚. 开启思维的钥匙——化学课堂"启发最佳时机"初探，http://www.fyeedu.net/info/129067-1.htm.

② 章小平. 数学课堂提问的技巧与时机[J]. 广西教育，2012(3).

③ 黄慧娟. 走进余映潮6——《孔乙己》课堂实录，http://res.hersp.com/content/1516036.

孔乙己的出场	孔乙己最后一次出场与退场
伤痕	断腿
长衫	夹袄
正常	残疾
青白脸色	黑色的脸
眼睛大大的	哀求的眼神

除此以外,课文中的时令、语言、语气、动作、形貌、姿态、酒量、钱数、手的用途等,都可以进行对比。教师可设计不同的问题,把精神和肉体受到了巨大摧残的孔乙己,形象鲜明地呈现在学生面前,激起学生深深的思索。

十四、 针对肤浅见解提问,促进深入提高

理解粗浅处是把学生思维引向深入的提问时机。在教学过程中,学生对问题理解往往不深刻、简单化。让我们看两个物理案例①:

【案例1】 "弹力概念"教学交流片段

T:让我们用双手拉一拉橡皮筋,看看手有什么样的感觉?

S:我的手有点紧。

S:皮筋要把手拉回去。

T:还有吗?

S:我觉得皮筋变长了。

S:皮筋被拉得细了。

T:很好,同学们的感觉很真实细腻。

---

① 章荣华. 以优质提问促进学生思维的策略研究,http://blog. sina. com. cn/s/blog_5e497d440100i0i m. html.

仔细审视这段师生交流,我们会发现后面两位学生并没有按要求回答教师的提问——让我们用双手拉一拉橡皮筋,看看手有什么样的感觉? 而是出现了答非所问的现象,但老师并没有给予及时的指正,这样的教学会让学生的思维认识走向含糊不清的境地。

【案例2】 "小车运动与垫圈多少"实验的教学交流片段

S:用垫圈拉动小车,我们组的数据是:

垫圈数量	1	2	3	4	5	6	7
小车运动	0	1	2	3	4	5	6

T:小车运动中的数字表示什么?

S:表示小车运动的快慢,数字越大表示速度越快。

T:垫圈的数量表示什么?

S:小车受到的拉力。

T:这个实验的结论我们可以怎样写?

S:小车受到的拉力越大,速度越快;小车受到的拉力越小,速度越慢。

仔细分析这段教学,我们会发现这样的结论是不科学的,因为小车运动中的"0",指的是小车没有动,而不是小车运动得慢。所以这个实验的结论应该是"当小车运动后,拉力越大速度越快,拉力越小速度越慢"。但在现实教学中,我们的教师却忽略了这一点,结果造成学生对实验数据的分析非常浅显。

在案例1、案例2,学生的思维呈现出"含糊不清"和"认识肤浅"的状态。究其缘由,一是在新课程思想的影响下,教师对自主性理念、人文化思想的片面理解,造成教师以老好人的态度参与课堂研讨,对学生的回答缺乏审视,故而没能跟进学生的回答;二是教师没能以认真严肃的态度钻研教材,对知识之间的结构、发展的不同阶段理解不深,造成了盲从学生的思维的结果,而没能跟进学生的初次回答。教学中,教师如能抱着审视的态度面对学生的回答,以跟进的思想研究提问水平,那么学生的思维水平一定能得到深刻的发展。

在理解粗浅或出现偏差时,教师要利用问题跟进进行澄清。问题跟进是指教师在学生回答问题之后,对学生的问题做出及时的判断,并针对不同的情境做出进一步的提问行为。它是促进学生思维的核心所在,是指引学生思维走向正确、完整、清晰、具体的重要手段。其形式是多种多样的,具体包括设问、追问、探问、邀请性提问等等。

(1)用提问跟进学生不正确的回答

面对问题,学生往往是不能一步到位地回答正确的。此时教师要以进一步的设问来引发学生反思,促进学生认识到思维过程中的错误,从而帮助学生修正错误的思想。

(2)以追问跟进学生不完整的回答

学生的视野是有限的,对问题的初次解释也是零碎的。所以,教师在学生回答问题后,应以追问的形式促进学生不断思考挖掘自己的认识,以丰富问题的内涵,形成全面的认识。用"为什么呢?"等问题开阔学生的视野。

(3)以探问跟进学生不清楚的回答

学生的思考是混沌的,所以在回答问题时经常表现的不清楚或很模糊,帮助学生理清混沌的思维是促进学生思维发展的重要契机。因此教师在学生讨论过程中应充分发挥探问的权利,以激励学生用不同的语言对答案进行重新陈述,对某个术语进行定义,或者是再重复问题的答案,以澄清自己的回答。

(4)以邀请性提问跟进学生不具体的回答

课堂上学生的思维是有差异的,教师如果把握不好,整个课堂就会被优等生的思维所笼罩,其他学生的思维得不到良好的发展。所以在某个学生回答不具体或太宽泛时,教师应以"你能说得更具体些吗?""你能对你所说的给出一个例子吗?""你能提供什么样的事实或证据来支持你的观点吗?""请对此进行更详细的说明。""你能在此基础上添加什么?""对于……你还知道什么?""你已经告诉了我他们是如何相似。""你能告诉我他们有什么不同吗?"等邀请性的提问促使学生把问题说得更具体。

数学课例:在"圆柱的认识"这节课,学生观察、比较后,有的说"圆柱的两个底面面积相等",有的说"两个底面面积相等的物体是圆柱体"。教师针对第二种说法提问:"两个底面面积相等的物体是圆柱体? 谁能举例说明?"学生通过思考、讨论,联系生活中的实例,说出腰鼓两个底面面积相等而不是圆柱体。在学生理解粗浅处提问,能使学生深入理解、正确掌握圆柱体的本质特征。

十五、针对认知错误提问，直击现象本质

在教学中，作为教师，应该更多承担引导的角色，帮助学生自主学习。在出现错误处提问就是引导学生"从错中求知"的提问时机。学生在学习中出现的错误往往是一种鲜活的教学资源。教师要善于挖掘错误背后隐藏的教育价值，把握提问时机，引导学生从错误中求知，从错中探究。因此，教师应该在课堂上通过各种提问，引导学生进行思考，找寻答案。当然在这个过程中，学生难免会犯错误。面对错误，教师应该有耐心、有思路，要鼓励学生不要怕出错，引导学生摒弃错误的认知，找到正确的答案。

网络上曾经流行过一个讽刺通货膨胀的段子：

求证：1 元＝1 分

证明：1 元＝100 分

$\qquad$＝10 分×10 分

$\qquad$＝0.1 元×0.1 元

$\qquad$＝0.01 元

$\qquad$＝1 分

同理证明：10 元＝1 元

$\qquad$证明：10 元＝100 角

$\qquad\qquad$＝10 角×10 角

$\qquad\qquad$＝1 元×1 元

$\qquad\qquad$＝1 元

上面两个谬论得出的根本原因，是作者故意混淆视听，把不能相乘的单位进行了相乘。用归谬法，让学生得出"一元乘以一元"应该是"一元的平方"，本谬误便不攻自破。

例 1[①]：在教学"求一个数的近似数"时，当学生掌握了"四舍五入"法，并进行巩固练习，教师就可以出这样一题：某食用油每桶售价 35 元，妈妈带了 100 元钱能买多少桶？让学生解答。学

---

① 覃小平.数学课堂提问的技巧与时机[J].广西教育,2012(3).

生列式为：$100÷35≈2.86＝3$（桶）。此式的错误在结果"3（桶）"处。教师没有马上"拨乱反正"，而是抓住这一"错误"出现的契机，让学生进行思考。

学生的错误都是有价值的，错误是学生最朴实的思想、最真实的经验，教师应该善于挖掘和发现错误背后隐藏的教育价值，引导学生从错中求知，从错中探究。

例2①：教授《用字母表示数》时，教师提问："$2a＝a^2$ 正确吗？"

生1："是错的，如当 $a＝3$ 时，$2a＝6$、$a^2＝9$，所以 $2a≠a^2$。"

生2："是对的，如当 $a＝2$ 时，$2a＝4$，$a^2＝4$，所以 $2a＝a^2$。"

师："谁说得对？"

生3："生2的观点是错的，因为当 $a＝2$ 时，只是一个特殊的例子，不能代表全部，所以生2说的不对：如当 $a＝6$ 时，$2a＝12$、$a^2＝36$，所以 $2a≠a^2$。"

师："谁能从意义上说一说 $2a$ 不等于 a^2？"

生4："$2a$ 表示2个 a 相加；a^2 表示2个 a 相乘。它们意义不同，所以结果也不相等。"

提问不是一般的对话，不是平铺直叙地交流，而是对事物的深刻挖掘，是逼近事物本质的探究，是促进学生思考的催化剂，促使学生从本质上去理解数学知识，解决数学问题。

例3②：在学习凸透镜成像实验课时，教师问学生："蜡烛通过凸透镜成的像，是正的还是倒的啊？"同学们大都回答是"正"的，然后教师将蜡烛放在离凸透镜2倍焦距的位置上，同学们会看到烛焰在光屏上呈现出倒立的实像。看到实验结果，同学们纷纷改口，认定成像是"倒"的。然后教师将蜡烛移到凸透镜一倍焦距以内，结果同学们发现光屏上并没有成像，反而在光屏端发现，像与蜡烛在凸透镜同侧，成正立的虚像。通过实验和纠错，同学们发现，凸透镜成像是"正"还是"倒"，关键在于蜡烛与凸透镜之间的距离。然后，教师又接着提问凸透镜所成的像与烛焰孰大孰小，逐步引导学生思考，同时一边进行实验，纠正学生的错误，在一步步的提问和实验中，同学们很快掌握了凸透镜成像的原理。

---

① 王文娟. 浅谈数学课堂中的提问艺术，http://www.jxteacher.com/lgs/column40853/08ac209c-4644-4485-a9b8-5d1a9c6629ab.html.

② 文娟. 从错误走向正确，让教学轻松高效——浅析初中物理教学错误资源的运用，http://www.snedu.gov.cn/sxjy/219/201304/18/1831.html.

十六、 放大知识趣味设问，吸引学生参与

"兴趣是最好的老师。"恰当的提问可以激发学生学习兴趣，使学生产生求知欲，自觉投入学习。一石激起千层浪，石即教师之"问"，浪即学生的学习兴趣。好奇之心，人皆有之。同样一个问题老调重弹会使学生感到枯燥乏味。在提问过程中，教师要尽量避免概念化，采用比较新的说法，从新的角度巧妙切入，使问题富有形象化、启发性，以激发学生的学习兴趣，引导他们进行积极的思维活动。

例1：某小学数学教师让学生想象一张白纸的厚度，告诉他们只有 0.083 毫米，三次对折后的厚度是 $0.083 \times 2 \times 2 \times 2 = 0.664$ 毫米，不到 1 毫米。问：对折 50 次，它的厚度是多少？会不会比桌子高，比教学楼高？学生们则立刻活跃起来，争论激烈，当教师宣布结果："比珠穆朗玛峰还要高！"学生惊讶不已，迫不及待地想知道如何列式计算。这种形式的提问，就能把枯燥无味的数学变得趣味横生，引起了学生学习兴趣，发动了学生思维之弦，激发了学生思考之情。

例2[①]：鲁迅《祝福》中的主人公祥林嫂是必被分析的人物。如果老师总是问学生同一个问题"你认为祥林嫂是怎样的一位女性"，问题的分析肯定是按部就班的，学生的兴趣不会很大。某老师变换了一下角度，这样发问："有人说祥林嫂是一个没有春天的女人，你赞同这种说法吗？"

这是一个多么富有吸引力的提法啊！问题一出，学生的兴趣马上来了，开始认真研读课文，探讨交流。启发性问题能引导学生主动探索，能诱发学生展开思维的翅膀。在老师的引导下，学生逐步品读认识了祥林嫂悲惨命运的发展过程：

（1）立春之日，丈夫去世——她在春天没了丈夫；

（2）孟春之日，被迫改嫁——她在新春伊始被婆母抓走；

（3）暮春之日，痛失爱子——春天快结束了，孩子却没了；

（4）迎春之日，命归西天——她在祝福的鞭炮声中悲惨地死去。

这样学生不仅了解了祥林嫂的生命历程，还能意识到造成人物悲剧命运的社会根源。

---

① 李英蕾.语文课堂提问有效实施的策略研究[D].延吉:延边大学,2010.

又如，在教《杜十娘怒沉百宝箱》时，教师没有旧题重问："造成杜十娘悲剧的原因有哪些?"而是换了一种新鲜的问法："天无绝人之路，有人说杜十娘完全可以不死，她有价值连城的百宝箱，还怕什么? 你怎么看?"

问题一出，一石激起千层浪，同学们兴致高涨，纷纷给杜十娘设计生路，由此引发了杜十娘性格、李甲、百宝箱及当时的社会现状等一系列问题。经过认真剖析，同学们发现杜十娘无路可逃，只能以死明志。

例3①：学习人教版初中英语第一册（下）Places of Interest 时，教师开课提问："Vocation is coming. How will you spend your Summer Vocation?"或"I'll have a long holiday after the college entrance exam. I don't know what to do and where to go. Can you give me some advice?"又如学习 "Inventions"时，开课可以提问："What comes to your mind when you see the word invention?"这些问题与话题有联系，给教学做好了铺垫，又能激发学习兴趣，学生有话可说。设计问题要新颖，难度适中，要刺激他们的求知欲，创造性和元认知能力的发展。

例4②：思品课可采用如下方法，充分注重学生学习的趣味性:(1)紧扣教材实际。思想品德课教材涉及大量的背景材料，如名言、警句、漫画、案例、数据、图表等。这些背景材料典型、生动，富有知识性、趣味性和科学性。在教学过程中，教师应充分利用这些材料，以背景材料为情境氛围，以学生掌握的知识水平为度，紧扣教材设计与教材知识点密切相关的问题，引导学生带着这些问题认真看背景材料，这样，以"问"引读、以"问"引思，不仅能增加趣味性，激发求知欲，较好地诱发学生积极思维，而且能起到拓宽学生知识面，帮助学生理解问题的作用，为圆满完成教学任务做好铺垫。(2)紧扣学生实际。针对学生熟悉的生活环境设问。在教学实践中我体会到，教学内容与学生生活越贴近，越与学生的实际相联系，学生的兴趣就越高，注意力就特别集中，也更容易领会教学内容。因此，教师在上课前应广泛收集一些既与当前学习任务有关，又能唤起学生关注、感兴趣的生活环境材料作为问题情境的载体，并在此基础上设计问题，引导学生运用所学的知识去分析、思考，让学生感受到思想政治课来源于生活，生活中处处有课本知识，

---

① 高中英语课堂提问有效性策略研究，http://wenku. baidu. com/view/e0525659be23482fb4da4c88. html.

② 许健. 初中思品课堂教学提问的实践研究报告，http://tl3z. xhedu. sh. cn/cms/app/info/cat/index. php/61.

提高他们的学习兴趣。初中教材中的许多内容都与学生的生活实际密切相关。如受教育的权利与义务、关爱集体、关爱社会、保护环境等等，教师都可以就地取材，来个现身说法，对学生中存在的不努力学习、不关心集体、不爱护环境的问题进行直击，在事实面前，他们会有强烈的震撼，在以后的行为中也就会自律许多。(3)紧扣社会实际。设问的情景材料应具有时代性。当今社会是一个的信息社会，学生可以通过报纸、电视互联网随时了解瞬息万变的经济政治资讯、日新月异的现实生活和纷繁复杂的社会现象，如2008年丰富多彩的北京奥运会、"嫦娥奔月"工程、"5.12"汶川大地震、上海世博会等，学生对这些现实问题有强烈的探究欲望，课堂上引进这些学生感兴趣的社会现实，容易吸引学生去认真思考、分析，产生想说的强烈愿望。当学生的兴奋点被激发时，就能积极思考教师提的问题。

例5①：当讲到《二氧化硫的性质》一节内容时，教师也可以从与人生存关系最为密切的食品安全及加工这一社会热点问题入手。如：据报道"二氧化硫已成为食品安全的头号元凶——它被不法生产者用作腌制蔬菜中的防腐剂、米面食品中的美白剂、脱皮蔬菜中的抗氧化剂、香蕉龙眼的催熟剂"。从最贴近学生的生活出发创设问题，能有效激发学生学习化学知识。去解决生活和社在会中实际问题。再比如：学《化学与生活》模块中维生素C性质时，教师提问："大家都有这样的生活经验，鲜榨的苹果汁颜色会变黄变深。哪位同学知道其中的奥秘？有哪些方法可以防止鲜榨的苹果汁颜色变深？"这样就可以使学生不拘泥于狭小的知识点，使其想得更多，学生的兴趣也更足，从而迸发出创新思维的火花。

十七、 提问彰显思想引领，贯穿教育过程

德育是我国全面发展教育的一个重要组成部分。我国社会主义的学校德育包括三个组成部分：道德品质教育，即引导学生逐步掌握社会主义的道德规范，履行道德义务，形成高尚的品德；政治教育，即引导学生坚持社会主义道路，坚持共产党的领导，逐步形成爱憎分明的政治立场；思想教育，即引导学生逐步掌握辩证唯物主义和历史唯物主义的基本观点，形成正确的人生观和科学的世界观。加强德育是我国中小学课程教材改革的重要指导思想，因此，在课堂教学

---

① 张宇.对化学课堂提问的思考[J].化学教与学,2011(10).

中渗透德育是德育教育的有效途径。教会学生学会"做人",学会"学习",学会"生存"是当前教育的三大主要任务。教师要挖掘教材的深层意义,设计有思想教育意义的问题,自然而然地给予人生理想、人生价值、世界观、人生观的教育。

例1①:生命科学课上,在学生弄清了红绿色盲的伴性遗传方式和遗传规律,又推广到血友病之后,教师给出了三组数据:(1)人类伴性遗传疾病有 80 多种;(2)人类遗传病约 9 000 多种;(3)约 20%—25%的人群患有遗传病。看到屏幕上的数据,同学们大为惊讶,人类竟然有这么多种遗传病,尤其看到"约 20%—25%的人群患有遗传病"时,学生马上就会想到"我自己有没有遗传病?"这时教师不失时机地提出了问题:"假设我们自己患了遗传病,该怎样面对现实?"学生在冷静地进行了思考之后,有的说"我要勇敢面对,不能被疾病吓倒",有的说"我要积极看待人生,人不可能十全十美,对自己的病淡化处理,不能自卑"等。紧接着话题,教师又抛出一个问题:"如果你得了遗传病,要不要告诉别人,尤其是将来有了女朋友或者男朋友,要不要让对方知道这个秘密?"这个问题又引起了大家的深思。有一个同学说:"这样的话,我就不结婚了。"另一个同学说:"我如果得了遗传病,就找一个日本人结婚,把病传给日本人。"他的话音一落,有的同学惊愕,有的同学大笑。该同学平时就很喜欢调侃,但对这样的原则问题,教师不能随意放纵。于是,教师不失时机地教育道:"这样的做法是不人道的,我们当然不能忘记过去,但必须理智地看待现实问题;况且,生出的孩子同样也是你的孩子。"学生对教师的引导表示了赞同。然后又回到刚才的话题,有一位同学说:"如果我得了遗传病的话,要像道尔顿那样,提出来让别人研究或者自己研究,弄清遗传规律和发病原理,为人类作点贡献。"他的回答赢得了同学们的热烈掌声。然后,教师又层层深入,提出一系列有逻辑关系的问题:"是谁给了我们生命?""父母给了我们生命的同时,把遗传病也给了我们,我们该怎样看待父母?""若我很幸运没得遗传病,你怎样看待别人得病?""怎样才能预防遗传病的发生?"

在与学生的讨论中我们找到了哪些才是正确的看法,我们既要尊重父母又要尊重客观规律,不能因为别人的生理缺陷而歧视他们,要正确全面地评价别人。学生在针对遗传病的问题思考中,懂得了正确对待遗传病,积极理解婚姻法中规定禁止近亲结婚的合理性,科学预防遗传

---

① 娄维义.生命科学课堂教学中融入德育的艺术,http://www.cnsaes.org/homepage/saesmag/sx/2007/7-8b/sx07070839B.htm.

病,倡导优生优育。在讨论与思想碰撞中,学生改变了一些不正确的观点,有的地方还产生了共鸣,真正转化为其内心深处的科学素养和人文素养。这些对学生人生有着重要指导作用的引导,大大提高了德育的力度,要比给他们讲大道理来得真切、实在得多。

例2①:保护环境是每一个公民义不容辞的责任。《英语》(新标准)初三年级上册 Module6 的标题是 Save our world,本模块讲的是拯救我们的世界。谈到拯救我们的世界,首先进入大脑的就是"绿色环保"一词。在其第二单元中,谈论完课题,让学生了解什么是 reduce,reuse and recycle 之后,让每个学生根据实际情况回答以下问题,评判一下自己是否做到绿色环保了。问题如下:

1. Do you try to walk or ride a bike to school?

2. Do you buy clothes just because they are the lasted fashions?

3. Do you open a window instead of turning on air conditioning?

4. Do you buy things produced locally instead of things made abroad?

5. Do you take your own cloth bag when shopping instead of using plastic bags?

6. Do you sort the waste before throwing it away?

通过对这几个问题的回答,教师了解到,大部分同学都没有意识到单纯追求时尚而导致的浪费及资源耗费给地球带来的不利影响。在接下来的环节中,通过学习课文,学生对上述问题中的 2、4、6 等问题有了一定的认识。根据课文内容以及本课的语言技能目标,教师设计了如下任务:请同学们就"how to be green"提出自己的建议并简单阐述理由(在阐述理由时需用上"because","so"和"so that"等本课需要掌握的重点词汇)。从最后收集上来的建议看,都是学生身体力行就可以做到的:如,don't throw bottles away because it's better to recycle them; turn off lights when you leave room so that you use less energy; try to use recycle paper because it saves energy; it's better to take a cloth bag when shopping...通过这样的教学活动,学生不仅可以运用英文句式表达自己的思想,而且有对自己行为的反思,有对事情的认识,能提出自己的建议。在学习课文及语言知识的同时也提高了对保护环境和节约能源及资源的意识。

---

① 在英语教学中渗透德育教育,http://lunwen.1kejian.com/yingyu/61051_2.html.

例3①：《我爱这土地》德育渗透。

（1）在审明课题、介绍时代背景中渗透

课题是文章内容的高度概括，是文章的眼睛。教师要紧扣课文题目，引导审题，使学生从题目入手，先初步感知，获得轮廓印象。介绍时代背景，更有利于学生理解文章内容和深刻的思想内涵。二者都是教学中必不可少的环节。

在教学《我爱这土地》时，教师出示课题，引导学生读题。问："作者深爱这土地，说明了什么？他为什么要深爱这土地？"接着时代背景的介绍，问："1937 年至 1945 年在我们的国土上发生了一件什么事？日本侵略者在我们的家园都干了些什么？"

（2）在观察图片，领悟图意中渗透

用多媒体展示一些日本侵略者在我国土地上横行霸道的惨无人道的画面，其中有老人、小孩、妇女等。一张张画面向下翻滚，一声声感叹声油然而生。教师问："看到这些画面，你有何感受？"（举手回答）顿时，学生纷纷站起，控诉着日本侵略者的罪行，憎恨之意溢于言表，爱国主义情感得到升华。

（3）在朗读课文中渗透

一篇课文的朗读，往往能让听者感悟到作者的思想感情，从而达到情感的交融和思想的共鸣。《我爱这土地》是一首抒情诗，更是要读出感情。首先教师范读，接着学生自读，再请学生试读。问："我们应该用怎样的感情来读这首小诗？（悲痛中更有憎恨）那么，哪些地方要重读？哪些地方要低沉，要放慢速度？哪些地方要高昂，要愤怒？"分析后，教师再范读，学生再试读，这次效果明显提高，学生的爱国情感得以升华。

（4）在分析讲解课文时渗透

"文以载道"，课文是思想内容的载体，两者密不可分。因而在教学中如能把二者紧密结合，有利于学生对语言文字的理解和运用，又能使思想教育达到"润物细无声"的境界。《我爱这土地》这首小诗，全诗只有短短 10 句话，110 个字，却句句流露出诗人强烈的爱国情感；字字控诉着侵略者灭绝人性的暴行。用多媒体出示几个问题，小组自主、合作学习，然后中心发言人汇报。

① 诗中是通过什么形象来表达出诗人的爱国激情的？请你把相关诗句找出来，并谈谈你的

---

① 朱荣. 见缝插针, 随机育人, http://www.5156edu.com/page/11-12-17/72773.html.

理解。

② 诗中的"鸟",它都歌唱了哪些内容? 这些内容又有什么象征含义呢?

③ 思考:诗歌开头写着"假如我是一只鸟,我也应该用嘶哑的喉咙歌唱……"请你结合以上歌唱的内容,思考为什么这里用"嘶哑"一词,而不用"清脆"或"嘹亮"?

④ 思考:诗句"然后我死了,连羽毛也腐烂在土地里面"有何深意?

在第三个问题的总结讲解中,问:"喉咙嘶哑了还要歌唱,说明了什么?"学生不难体会到诗人的爱国情深,并隐含着献身之意,崇敬之情不言而喻。特别是第四个问题的深刻含义不容忽视,诗人愿为祖国献出自己的生命,这是一个德育渗透的良好时机。教师问:"天下兴亡,匹夫有责。艾青深爱着自己的祖国,他表示为了祖国愿意牺牲自己。那么今天,没有战争了,和平了,我们年轻的一代该怎么做呢?"(思考后举手回答,至少请 5 个学生。)

在教学过程中对学生进行德育教育,要联系实际,切实解决学生的实际问题,做到因势利导,引导学生不断地纠正自己的错误认识和做法。如某教师正上课时,外面突然刮起了大风,就可以对靠窗的同学们说:"Would you mind closing the windows? Or they might be broken."这样,在教学生们语言的同时又进行了热爱财产的教育。一次清晨走进教室,某教师发现虽是晴天但室内日光灯却开着,便问:"I'm sure the classroom is bright. Do you think I should keep the lights on or turn them off?"学生都表示应该关灯。教师在黑板上写了"To save the energy"几个词,并补充说:"We should try to save the energy. I don't mind if you keep the lights on when the room is dark. Sometimes we need electricity to make our room bright,but not today."短短的几句话,只花费了一分钟时间,却是一次结合实际的思想教育。

十八、 加强知识逻辑关联,实现抽丝剥茧

抽丝剥茧,本是桑蚕业的术语,指缫丝得一根一根地抽,剥茧得一层一层地剥。它用来形容分析事物极为细致,而且一步一步很有层次。教师课堂提问,也要以学生的认知能力、思维水平为标准,根据知识迁移"i+1"理论,设计"由浅入深"、"由表及里"、"由此及彼"、"由上到下"、"由整体到局部"等逻辑性强的问题或问题链。问题链是以问题为主,以提出问题——解决问题——再提问题——再解决问题为教学过程,问题与问题之间有联系。通过不断深化和逐步推进,达到培养学生逻辑思维的问题意识,完成预期的教学目标。

英语课例①：在人教版英语高一年级下册模块 1 的 Friendship 单元的阅读课 Anne's Best Friend，教师提出了如下问题链：

（1）What is this (sign of Nazi Party)?

（2）Who is the leader of Nazi?

（3）What did Hitler do?

（4）Who are the biggest victims?

其答案串起来就可成一个局部完整的叙事：This is the sign of Nazi. Adolf Hitler is the leader of Nazi Party，who started World War II and killed a lot of Jews. Anne is from a family of Jewish. 这样根据思维活动的进展和学生智力水平，环环相扣，自然进入课文内容，同时学习生词 Jewish 和 Jews。

物理课例②：在课堂教学中教师要善于把教材中既定的物理观点转化为问题，以展现知识的发生发展过程，借助具有内在逻辑联系的问题设计，促使学生思考，逐步培养学生自己发现问题、分析问题和解决问题的能力，使学生真正成为意义的主动建构者。例如，在《自由落体运动》的教学中，教师根据伽利略反驳亚里斯多德的观点，设计出这样的问题："假如越重的物体下落得越快，越轻的物体下落得越慢，那么将这个重物和这个轻物拴在一起，快慢情况又如呢？"有的同学说，两物相加更重了，应该下落得更快；有的同学说，重物的下落由于受到轻物的牵制，下落肯定要比原来慢。学生经过充分的思考和讨论，寻找正确的答案。

历史课例③：教师还要针对不同年级的学生，设置不同层次的问题，追求抽丝剥茧。如讲完《英国君主立宪制的建立》后，在课前复习提问时，对于高一学生教师可直接提问："英国的国王、首相、议会各有哪些权力？"就可以了。但是，对于高三学生这样提问就显得太简单，教师可以这样问："英国前首相布莱尔追随美国出兵伊拉克。你认为：1. 内阁成员大体上是赞同还是反对？为什么？ 2. 如果女王伊丽莎白二世反对出兵的话，布莱尔会不会为此而撤兵？为什么？ 3. 如果议会中大多数极力反对出兵的话，结果又会如何？"同样是考察基础知识，但第二种问法更符合高三对学生运用和迁移能力培养的要求。

---

① http://wenku.baidu.com/view/e0525659be23482fb4da4c88.html

② 黄祝旺. 提问是最好的反馈方式，http://bbs.jxjyzy.com/space/viewspacepost.aspx? postid＝50722.

③ 浅谈增强历史课堂提问教学的有效性，http://bd.hbrc.com/news/view_2937680.html.

十九、 增强提问适切匹配，引发有效生成

适切性是指教师对教材的提问与要符合学生的认知能力及教学目标达成的实际情况。不同认知能力的学生，能学习什么内容是受其心智发展水平限制的，过难或过易的内容都不适合，应作摒弃。

教师的课堂提问要根据学生的神态（心理状态、行为状态），进行有选择性的提问。有经验的教师，经常在提出问题后环顾全班学生，观察学生对问题的反应：①学生举手，表明他有把握回答；②嘴巴微张，身体前倾，"眼睛渴望着眼睛的重逢"，则表明他极愿意试一试；③托腮挠首，"举头望明月"，表明他正在思考，但一时还难以回答；④躲避老师的眼睛，把头埋得低低的，谓之"低头思故乡"，则表明他对这个问题不懂或害怕回答。因此，在提出问题后，教师要根据自己的教学意图，有针对性地选择对象回答。如果这节课教师想锻炼几个平时不敢发言的学生，那么就可以注意观察学生的神态，及时捕捉所需要的对象。平时教师要注意观察学生的反应，问要适时、适人，将简单的问题留给基础差的学生，将难的富有挑战性的问题留给基础好的学生，同时根据教学目标的达成程度改进提问方式与深度。在课堂教学提问的全过程中，教师要不断地在问题的适切性上加以完善。下面以一次同课异构的教研活动为例加以说明。①

两位执教教师教授的都是人教版小学英语《新标准英语》Book 11，Module 6，Unit 1 I Have Got Some Chinese Chopsticks 该单元教学目标是要求学生能用句型"He has got a Chinese kite. / I have got some Chinese chopsticks. / Have you got a book about America?"谈论自己或询问他人是否拥有某物，并能模仿课文给朋友写一封信或电子邮件。

提问前

（1）提问前的准备活动

教师 A 在引导学生回忆"Laura is from New York."的信息之后，并没有随即围绕所学文本提出问题，而是提出了一个开放性问题：What do you want to know about Laura? 引导学生围绕 Laura 提出问题，激发学生对 Laura 个人信息的关注。在教师问题的适时引导下，学生提出以下

---

① 黄碧华. 同课异构活动中的有效提问[J]. 中小学外语教学（小学篇），2011(9).

问题：What does she like? / What does she like doing? / What has she got?

教师 B 在提出一系列问题前，让学生先听一遍文本，并想一想：文本涉及了 age、appearance、possessions、school、city 和 animal 中的哪些内容？

［分析］

教师 A 提出的上述开放性问题为每一位学生提供了畅所欲言的机会，突出了学生的主体地位，激活了学生已有的关于人物年龄、外貌、爱好等知识，学生提出的问题就是教师将要解决的问题。教师 B 采用让学生做出选择的方法引导学生关注文本内容，但供学生选择的六个词中的 age、appearance 和 possessions 都是学生未学过的新词，虽然有中文注释，但对小学生来说，只听一遍文本就要做出选择并非易事。

（2）问题的类型和数量

教师 A 用"Just like you, I've got some questions about Laura, too."这样一句话，巧妙引出了有关文本的三个关键问题：What does Laura look like? What has Laura got from China? What has her brother got?

教师 B 分两次提出问题。第一次提出的问题有：What color is Laura's hair? Is her hair long or short? What color are her eyes? What food does she like? What has Laura got from China? What has her brother got? 第二次提出的问题为：Where is she from? What is her city like?

教师 A 提出的三个问题都是有关文本的关键性问题或主旨性问题，而且都是以疑问词 what 引导的特殊疑问句。教师 B 提出的八个问题都是细节性问题，其中六个是以疑问词 what 引导的特殊疑问句，一个是以疑问词 where 引导的特殊疑问句，还有一个是"Is＋名词＋形容词?"结构的一般疑问句。通过比较教师 B 和教师 A 提出的问题会发现，教师 B 提出的问题在类型上较为多样，教师 A 提出的问题则较为单一。但两位教师提出的所有问题都是答案唯一的问题，没有能让学生表达自己观点的问题。

［分析］

教师 A 提出的三个问题都是有关文本的关键性问题，数量合适。这些问题帮助学生很好地建构了语篇的主要内容。教师 B 提出的问题数量较多，问题过于琐碎且缺乏思维挑战性。比如，针对文中"She's got long, red hair and blue eyes."这样一个单句，教师 B 就提出了三个问题：What color is Laura's hair? Is her hair long or short? What color are her eyes? 这种设问方式把原本简单的整体信息肢解成了复杂的零碎信息，反而不利于学生对信息的记忆。教师 B 似乎也意识到提问过多,于是分两次提出(第一次 6 个,第二次 2 个),但这种逐段提问的方式破坏了文章的整体性,不利于学生对文本的整体理解。

提问中

解决问题策略的指导

提出问题后,教师 A 没有对学生进行解决问题策略的指导,如引导学生写出关键词。但当回答第一个问题的首位学生没能正确理解"What does Laura look like?"这个句子,而是将表达外貌特征的 look like 错误理解为"喜欢"时,教师 A 及时启发学生:"What do I look like? I have got long black hair and black eyes. "帮助学生正确理解老师的提问。此举虽为补救措施,但仍十分必要。提出问题后,教师应检查学生是否正确理解了老师的提问,以此确保他们能够正确作答。

教师 B 在学生阅读文本前有意识地引导学生边读边用笔勾画出相关答案,并在答案前标出序号,方便学生阅读后自我校对和修正。

[分析]

学生在带着问题听文本时,教师可以引导学生边听边记,通过记录关键词或关键词的首字母、画图甚至比划动作等方法记忆信息,提高学习效果。

提问后

教师 A 在学生问答问题"What does Laura look like?"后,对答案"She's got long, black hair and blue eyes. "进行了拓展,并进一步问学生:"Do you have long, black hair and blue eyes? What do you look like?"引导学生谈论黄种人的外表特征。教师 A 对问题答案的再利用增加了学生操练语言的机会,提高了学生运用语言的能力;针对"What has Laura got from China?"的回答"She has got some Chinese chopsticks. ",教师 A 利用这个语言信息教学了新单词 chopsticks 和 difficult,并引出文本中的相关句子, 即:Chopsticks are difficult for her to use. 可见,教师 A 有较强的教学资源意识,巧妙利用了她提出的三个问题引出的答案,及时引导了学生归纳和梳理文本的主要内容,增进学生对文本的理解,很好地凸显了以问导学的目的。在学生说出"What food does she like?"的回答"She likes Chinese food. "后,教师 B 进一步提出问题:"Do you like Chinese food? What Chinese food do you like? What western food do you like?"引导学生谈论自己喜欢的食物。但教师 B 未能及时引导学生利用之前提出的八个问题引出的回答,仅是为提问而提问,以问、导、学的目的没有得到应有的体现。

二十、 加强学生学情把握，促进灵活生成

我国基础教育一般为大班制(50—60人)，学生程度差别较悬殊，对教师在课堂中对提问把握增加了难度。有些教师担心提问多了，课堂纪律往往难于驾驭；提问提得少了，师生之间很难沟通，教师也难以了解学生对所教知识的掌握程度。提问过难，程度较差的学生会感到不适应也容易造成学生中的两极分化；提问过于简单，则失去了提问的价值，也使学生对回答问题失去兴趣。教师要活跃课堂气氛，驾驭学生思维，丰富课堂教学内容，就必须灵活运用多种提问方法。提问的方法有以下几种：单个回答——由个别学生单独回答某个问题；小组讨论——由小组成员集体讨论，最后由小组代表回答，其他成员补充；全班讨论——全班同学共同讨论同一问题，各抒己见，最终得出统一答案。

例1①：九年级思品课《走科教兴国之路》，在学生阅读有关数据与资料后，教师设置了以下几个问题：

(1) 我国是否是科技强国呢？如何看待我国的科技总体水平？

(2) 我国与发达国家的主要差距是什么？

(3) 我国该如何缩短与发达国家的主要差距？

(4) 是否只要有了经费的保障与法律的规定，我国目标就能实现？还需要依靠什么？人才的创新能力从何而来？

这几个问题，有一定的层次性。第一个问题，所有的同学都能回答；第二个问题，要从材料中归纳出，这需要一些口头表达能力和书面语言，中等及以上的同学可回答；第三、四个问题，需要一定的分析和判断能力，让同学们展开小组讨论，然后，推选一个同学总结发言，这就需要集体的智慧。大家通过讨论，得出了这样一些结论：科技的创新——人才的创新能力——教育。通过这样的层层深入地提问，培养了学生思考、分析、解决问题的能力，而不是仅仅从书本上找答案，也不是人云亦云，同时落实了教学目标，取得了较好的效果。

---

① 许健. 初中思品课堂教学提问的实践研究报告, http://tl3z. xhedu. sh. cn/cms/app/info/cat/index. php/61.

例 2[①]：在高一英语模块 1(牛津高中英语　译林出版社)Unit3 Reading：Dying to be thin 文章通过主人公的经历讲述了减肥话题，教师在设置了如下问题：

(1) If you are a bit over-weight, how would you lose weight?

(2) Which method would you prefer? What are the advantages and disadvantages of each of them?

(3) Suppose you are Amy's best friend. If you are going to write a letter to her, what will you say to her? And what advice would you give to Amy?

第 1 题是涉及个人的想法，所以单独回答，表达出自己的观点；第 2 题之前有列举出多种变苗条和变漂亮的方法，内容比较多，所以采用分组讨论，各组讨论一种方式的优劣；到第 3 题的概括性就更强了，所以用全班讨论的方式，最后一起整理出最完整的合理的建议，写出回信。在全班讨论时，每个学生的思维会随着课堂的节奏而活跃起来，每个答案会不尽相同，这无关紧要，关键的是每个学生都要动脑筋想，开口说。同时，学生正确的减肥方式，健康的重要性，正确的审美观，也在讨论中得到了加强。

二十一、 把握教学时机火候，追求水到渠成

"不愤不启，不悱不发"充分说明提问时机的重要性。教学过程就是师生情感交流和精神对话的过程。这要求教师时常处于一种思维异常活跃的"临战状态"，抓住契机，适时发问。过早发问，造成气氛紧张，学生茫然；过晚发问，引导过甚，问题无价值。课堂教学的提问具有很强的情境性，问题的抛出的时机、问题的数量及其难度都要视课堂学生具体的学习基础及状态来确定。一般而言，应当把握好如下方面：

(1) 问题难度要适度

课堂提问一定要考虑到学生的知识准备程度，即他们现有的知识储备。据心理学家研究，如果人能够用他现有的知识去回答某个问题，那么思维过程就不能发生；当提出的问题需借助

① 任静.英语课堂提问技巧——激发学习兴趣,培养思考习惯,http://www. worlduc. com/blog2012. aspx? bid=1844060.

于那些他所不掌握的知识才能解决时,思维过程也不能发生。为此,提问必须与学生原有知识相关联、相衔接。也就是说,问题太难,学生用已知的知识解决不了,望而生畏;问题太易,又引不起学生的兴趣。难易适度的提问,应当使学生"跳一跳,就能摘到桃子",即学生在教师的启发引导下,经过思考之后,能回答上来。据有经验的老教师传授,课堂提问的难易度是应当以全班1/3到2/3的学生经过思考能回答上来为宜。因此,对那些难度较大的问题,一定要精心设计,同时也要"力戒"简单提问。

（2）问题密度要适度

教育心理学研究表明:中学生最佳思维状态约为20分钟。一堂课40分钟,不能问个不停,应注意提问的密度和节奏。提问力求做到少而精,力戒平庸、繁琐的满堂问,在教材的重点、难点、疑点、要点上多问,在学生能自行解决的内容上可以点到即止。关于提问的节奏,美国有位教育专家说,对学生的提问,在每个问题提出之后,至少要等待3秒钟。这样做有许多好处:可以有更多的学生能够主动而又恰当地回答问题;可减少卡壳现象;可增强学生的信心;可提高迟钝学生的积极性;可增多发散思维的成分;可增加学生回答的多样性等。像有的教师"连珠炮"式的提问法,压得学生喘不过气来,不给学生思考的余地;而有的教师,担心教学任务完成不了,每提一个问题时,还没等学生反应上来,他就将自己的观点说出来了,这样做都是违背了教学规律和教育目的的。

（3）问题广度要适度

教材内容涵盖面广、纷繁复杂,教师的课堂提问既要做到重点突出,还要力戒面面俱到。如果眉毛胡子一把抓,不分主次,那只能是蜻蜓点水,不能使学生深入体会;同时也会加大学生学习的负担,造成不必要的智力浪费。所以,教师首先要明确教材涉及哪些知识点,哪些是基础知识,哪些需要深入理解、透彻分析的,要做到心中有数;要符合课程标准的要求设计课堂提问。教师在必要的引导之后把握这样几点来提问,即"是什么"、"为什么"、"怎么办",沿着这样的脉络,学生就很容易理解和掌握所学内容了。建立在重点、中心明确的知识脉络之上的提问,往往会简要精练、有的放矢。如果要适度展开也有一个参照范围,要做到以重点为圆心,以难点为半径画适宜学生的"圆"。与教材有关的时事热点可以适当提到,目的也是让学生用书中的原理去分析现实生活中的现象,将所学知识加以巩固和运用。但如果问题扯得太远,不利于回到教材中来,学生书中基础的东西都没有掌握好,就去求难求繁的东西,只会使学生雾里看花,越来越糊涂。

二十二、恰当进行理答评价，促进优质互动

课堂教学过程中学生对相关问题的回答，需要教师灵活且恰当地做出回应，主要的实践原则陈述如下：

（1）把握评价的主导性

教师对学生的"激励与赏识"在课堂评价中处在主导地位。在课堂上，教师的教学评价要能准确简练、自然真诚，能使学生产生情感的体验，品味到成功和被老师赏识的喜悦，从而焕发出更大的学习积极性和主动性。例如：在《爱护公共设施》教学中，当学生回答了小区公共设施的变化后，教师可以说："你的观察非常细致，看到了社区设施的细小的变化，那你们看到了学校公共设施的变化吗？"这样的评价一方面可以体现出赞赏的力量，激励学生进一步思考，同时也自然地衔接到了下一环节。课堂上要多激励赏识少批评指责，但并不是说教师可以一味地、毫无原则地对学生进行"赏识"、"激励"。作为教师，当发现学生理解上有偏差时，就要通过明确、有针对性的评价来引导学生的学习和情感走上正道。培养学生高尚的道德情操和健康的审美情趣，形成正确的价值观和人生态度，是教学的重要内容。教师应该及时抓住学生认识上的误区，因势利导，使他们在启发引导下获得正确的价值取向。

（2）把握评价的多元性

课堂终归是学生的，课堂提问评价不是教师的"专利"，不应该都是教师一手包办。教师应把评价的权利交给学生，释放评价的空间，也开放学生的思路，开发学生的潜能。在教学中，当教师提问"你感受到上海的变化了吗？"学生讲述了越江的变化，教师如能再追问："A同学讲述了越江的变化，你想对这位同学说点什么？""对于A的回答，有没有什么需要补充或提问？"这就使得每个学生都成为平等的参与者和对话者，都可以自由表述自己的观点，有时是对他人意见的认可，有时是对别人举例的补充和更正。在评价中教师适当地"让权"给学生，让学生参与到评价过程中来，把师评、生评、自评结合起来，引导学生对学习情况包括知识掌握情况、能力发展情况、学习态度和情绪情感等方面进行评价，从而达到自我激励、自我教育、自我完善和自我发展的目标。

（3）把握评价的时机性

课堂提问评价的时机把握是十分重要的。教师对学生的回答应该给予适时的评价，课堂上

学生回答问题时，都特别希望得到教师的反馈，尤其是对自己答案的肯定。如果答错了受到冷落，或者问题答对了教师不给予及时肯定，都容易损害学生的自尊心，会直接影响其参与学习的积极性。然而，有时当学生的发言不正确，或不完善，或一时答不上来时，不能立即给予肯定或否定的评价，而应运用延时评价，给学生一个自由思考的空间，互相启发，互相补充，使个性思维得到充分的展示和发展。美国心理学家奥斯本曾在智力激励方法中提出了一条原则：在产生各种设想的过程中，暂时不对设想做出评论，以便使参加讨论的人能在和谐的氛围中畅所欲言、互相启发，在有限的时间内从不同角度进行分析，得出尽可能完美的结论。这就是延迟评价原则。在课堂教学中，教师应适时、适当地利用延迟评价这一原则。实践证明，教师轻易表态或过早评价往往会压抑思维的展开，导致学生思维"终止"。任何思维都有一个分析和综合的过程，学生在思考问题时，特别是新颖、独特的回答，都要有一个深入思考的过程。教师要有耐心把握住有利时机，对学生的答问，不轻易表态或过早做出评价，而是让他们自由自在地、毫无拘束地、毫无顾虑地、积极地开展思维活动和语言活动。

课堂提问要合理点评问题，给予有效的教师反馈以刺激强化。学生回答问题是对教师教学情况的反馈。学生对问题的回答有对错之分，也有合理不合理之别。教师点评问题时不能强求正确的答案，更不能把自己的见解强加给学生，因为发现问题和系统地阐述问题可能比得到解决答案更为重要，同时教师在点评中应鼓励学生大胆说出自己的看法、见解、疑惑、问题，并对他们提出的问题给予积极评价。如果课堂上提出的问题由于时间限制解决不了，也可在课后继续探究。这样做既解决了学生提出的问题，又让他们体会到获取成功的快乐，成功感会成为学生进一步求知的动力。

第二章

精良的分析技术让提问效度
清晰彰显

第一节　开发课堂教学提问观察量表

一、课堂提问次数统计表的设计与开发

《义务教育数学课程标准(2011 年版)》指出：人人都能获得良好的数学教育,不同的人在数学上得到不同的发展。落实到课堂上,我们该如何贯彻这个理念呢?

若从课堂提问的角度来审视,人人都能够参与到学习过程之中,或许比较容易;但人人都能够获得课堂发言的机会相对来说就比较困难。当然,获得良好的数学教育业未必一定需要在每节课上发言,不过若能够经常在课堂上发言,且老师经常善于依据发言内容因势利导,那么必定更有利于实现"人人都能够获得良好的数学教育,不同的人在数学上得到不同的发展"的理念。

因此,我们认为,实践"人人都能获得良好的数学教育,不同的人在数学上得到不同的发展"的理念,至少要让每一位同学在课堂上有参与讨论发言的机会。若如此,我们首先需要了解自己的课堂提问情况,研究一周课堂提问发言的总体情况。

为了帮助大家了解、研究课堂教学的提问状态及课堂提问质量,我们设计了 6 份课堂提问观察量表,下面简要介绍这些量表的开发及使用方法。

若要了解学生在每节课上的发言状态,可以按照学生的实际座位情况设计一个课堂提问次数统计表(见表 2 - 1)。

表 2－1　常态课堂环境下的课堂提问次数统计表

学科：＿＿＿＿　班级：＿＿＿年级＿＿＿班　课题：＿＿＿＿＿

第 6 列	第 5 列	第 4 列	第 3 列	第 2 列	第 1 列	教室前门
						第 1 行
						第 2 行
						第 3 行
						第 4 行
						第 5 行
						第 6 行
						第 7 行
						第 8 行

此表,可以供教师上课时自己使用,也可以供教研员或者其他教师在观课时使用,使用方法如下:

(1) 利用画"正"的方法真实记录每个学生的发言次数,也可以设计具体的符号,表示学生的课堂学习行为,如利用符号"?"表示该生在发言中出现问题;利用符号"★"表示该生的发言得到了老师的表扬;利用符号"↑"表示学生走上黑板解决问题或走上黑板为同学们讲解的情况;利用符号"?"表示回答问题出现错误或不甚恰当的情况。[①]

可以引入"课堂提问率"、"课堂提问覆盖率"、"课堂重复提问率"三个量描述课堂提问数据,具体计算公式如下:

$$课堂提问率 = \frac{学生单独参与课堂发言的总次数}{实际参与学习的学生总人数} \times 100\%;$$

$$课堂提问覆盖率 = \frac{学生单独参与课堂发言的总人数}{实际参与学习的学生总人数} \times 100\%;$$

$$课堂重复提问率 = \frac{重复发言的学生人数}{实际参与学习的学生总人数} \times 100\%。$$

(2) 若教师无暇统计课堂提问情况,那么也可以委托学生轮流负责记录,每个学习小组或者每个同学负责一节课。若教室内的学生人数较多,有些时候也可以尝试分区提问,即使用分区提问统计表研究自己的课堂提问状态,见表 2－2。

---

① 孙琪斌.课堂提问统计表的设计与应用[J].上海教育科研,2008(2).

表 2－2　常态课堂环境下的分区提问次数统计表

学科：_____　班级：___年级___班　课题：_____

第6列	第5列	第4列	第3列	第2列	第1列	教室前门
第3区		第2区		第1区		第1行
						第2行
第6区		第5区		第4区		第3行
						第4行
第9区		第8区		第7区		第5行
						第6行
第12区		第11区		第10区		第7行
						第8行

常态课堂教学环境下分区提问统计表的使用方法：

（1）利用画"正"的方法真实记录每个学区的发言次数，也可以设计具体的符号，表示学生的课堂学习行为。比如，利用符号"?"表示该学区在发言中出现问题；利用符号"★"表示该学区的发言得到了老师的表扬；利用符号"↑"表示该学区的学生走上黑板解决问题或走上黑板为同学们讲解的情况；利用符号"?"表示回答问题出现错误或不甚恰当的情况。

（2）相对于定量描述到学生个体的提问统计表，分区提问统计表稍显简单，但简单也有简单的好处，比如，教师本人就可以使用这个分区提问统计表监控、管理自己的课堂提问数据，从而引导教师尽可能地面向全体学生。

（3）使用分区提问统计表，可以最大限度地消除被提问遗忘的角落。

若在以小组合作学习为主要教学形式的课堂环境下观课，则可以使用合作学习环境下的课堂提问次数统计表，见表 2－3。

表 2－3　合作学习课堂环境下的课堂提问次数统计表

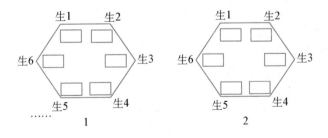

合作学习课堂教学环境下的课堂提问统计表的使用方法：

（1）利用画"正"的方法真实记录坐在多边形每个顶点位置处的学生的发言次数，也可以设计具体的符号，表示学生的课堂学习行为。比如，利用符号"?"表示该学区在发言中出现问题；利用符号"★"表示该学区的发言得到了老师的表扬；利用符号"↑"表示该学区走上黑板解决问题或走上黑板为同学们讲解的情况；利用符号"?"表示回答问题出现错误或不甚恰当的情况。

（2）相对于定量描述到学生个体的提问统计表，合作学习环境下的课堂提问统计表更容易记录小组合作过程中的互助与互动，比如可以用连接线"→"或"←"或其他符号联结参与互动的学生。

二、课堂提问质量统计表的设计与开发

课堂提问次数统计表可以帮助我们较好地研究课堂提问的次数及课堂提问覆盖面，并以此为基础研究教师潜意识内的教学理念、教学模式，但课堂提问次数统计表不利于研究课堂提问的质量，若要研究课堂提问的质量，则还需要辅助使用课堂提问模式统计表、课堂提问类型统计表、课堂提问问题有效性统计表等统计表，详见表2-4、表2-5、表2-6。

表 2-4　课堂提问模式统计表

学科：_____　班级：___年级___班　课题：_____
执教教师教龄：_____　职称：_____

课堂提问模式	提问次数	优质问题及回答速记
模式 A:教师提问、学生共同回答		
模式 B:教师提问,指定学生回答		
模式 C:教师提问,学生自由抢答		
模式 D:教师提问,学习小组抢答		
模式 E:学生提问,教师即时回答		
模式 F:学生提问,教师指定学生回答		
模式 G:学生提问,学生指定学生回答		

课堂提问模式统计表的使用方法：

（1）利用画"正"的方法真实记录每个课堂提问模式的出现次数，利用速记的方式记录有质量的问题及回答。

（2）使用课堂提问模式统计表有助于研究我们的教学理念、教学模式，有利于促进课堂教学转型。

（3）本表可以由教研组长或教研员事先安排具体人员，专人统计课堂提问类型。也可以在课后观看教学视频，依据视频详细统计使用具体课堂提问模式的次数。

表 2-5 课堂提问类型统计表

学科：_____ 班级：____年级____班 课题：_____
执教教师教龄：_____ 职称：_____

序号	提问问题及回答速记	识记水平	理解水平	探究水平

课堂提问类型统计表的使用方法：

（1）序号指课堂提问问题的真实序号；提问问题及回答速记可以按照记录者本人习惯、速记方式记录，不必讲究语言的规范；利用"√"表示提问问题的类型（识记水平、理解水平、探究水平）。

（2）使用课堂提问类型统计表可以帮助我们更好地研究提问问题的质量，提升教师的学科专业素养。

（3）本表可以由教研组长或教研员事先安排具体人员专人统计课堂提问类型。也可以在课后观看教学视频，依据视频详细统计使用具体课堂提问模式的次数。

表 2 − 6　课堂提问及回应方式的有效性统计表

学科:_____　班级:___年级___班　课题:_____
执教教师教龄:_____　职称:_____

序号	忽略或回避型回应	倾听且有评价的回应	追问或延展生成性回应	其他

第二节　处理课堂教学提问观察数据

<u>案例一:学生为什么会出现这样的问题?</u>

在一所基础学校调研时(农村薄弱学校),翻阅该校六年级某班 21 位同学的作业(解方程:$-11x=-2x$),意外发现有 16 人的作业出现错误,做全对的学生只有 5 人。

针对这样的结果,有关老师给出的结论是这个班的学生基础太差。这样的说法显然不成立,我也不认同这个结论。因为 76% 的学生在解方程 $-11x=-2x$ 的过程中出现问题,这绝对不仅仅是学生基础偏弱的问题,课堂教学一定出现了问题。

下面我们先看一看这些同学的作业:

解方程:$-11x=-2x$.

学生 1

移项,得 $(-11+2)x$.

化简,得 $-9x$.

两边同除以 x 的系数 -9,得 $x=-9$.

所以,$x=-9$ 是原方程的解。

学生 2

移项,得 $-11+(-2)=x$.

化简,得 $-9=x$.

两边同除以 x 的系数 -9,得 $x=$(学生自己可能也不明白了,没能写出最后的答案)。

所以,$x=$　是原方程的解。

学生 3

移项,得 $-11x+2x$.

化简,得 $-9x$.

两边同除以 x 的系数 -9,得 $x=-9$.

所以,$x=-9$ 是原方程的解.

学生 4

移项,得 $x=0$.

化简,得 $x=0$.

两边同除以 x 的系数 -9,(从上两步得不出系数为 -9 吧,这里可正确?)得 $x=0$.

所以,$x=0$ 是原方程的解。

学生 5

$-11x+2x=-9x$.

(在老师批改之后,给出的订正如下)

移项,得 $-11x+2x$.

化简,得 $-9x$.

两边同除以 x 的系数 -9,得 $-9x$.

所以,$-9x$ 是原方程的解。

学生 6

移项,得 $-11x+2x=1$.

化简,得 $-9x=1$.

两边同除以 x 的系数 -9,得 $x=-\dfrac{1}{9}$.

所以,$x=-\dfrac{1}{9}$ 是原方程的解。

学生7

移项,得 $-11x-2=x\times x$.

化简,得 $-22=2x$.

两边同除以 x 的系数 2,得 $x=-11$.

所以,$x=-11$ 是原方程的解。

学生8

(订正之后的作业)移项,得 $-11x\div x=-2x\div x$.

化简,得 $-11=-2$.

学生9

移项,得 $-11+2=x$.

化简,得 $x=-9$.

为了找到问题的症结,我决定走进这个班级听课。在上课老师没有走进教室之前,我就"解方程 $-11x=-2x$"抽查了三位学生,情况如下:

学生(5,2):$-11x-2x=13x$.

学生(5,3):$x=-11+2$,$x=-13$.

学生(5,5):$x=2+11$,$x=13$.

(备注:其中的"移项,得"、"化简,得"、"两边同除以 x 的系数"等文字,系笔者添加,许多学生的作业上只有数、式、方程,缺乏具体的文字说明)。

因为到了上课时间,我没有继续调查。这节课上实际发生的课堂提问数据见表 2-7。

表 2-7 六年级某教学班一节家常课的提问数据(教师的教龄在 3 年之内)

第5列	第4列	第3列	第2列	第1列	教室前门
	3			1	第1行
					第2行
1		4	#	3	第3行
1	3	1			第4行
		1	#	*	第5行

数据分析

(1) 教室内实有学生 25 人,表格中的数字为该位置的学生在提问中发言的次数。

(2) 学生(5,1)始终没有进入学习状态,整节课都趴在书桌上;学生(3,2)、学生(5,2)在老师讲课的过程中,经常摆弄手里的小物品。

(3) 课堂提问率为 72%,提问覆盖面为 36%,重复提问率为 52%。比如,3 次提问学生(1,4)、学生(3,1)、学生(4,3),4 次提问学生(3,3)。

(4) 合作没有发生;生生之间的互动没有发生。蕴涵在差异之中的资源,没有得到充分利用。[1]

读到这里,我想您一定能够找到解释学生作业本上出现诸多错误的根源了。

一个只有 25 位学生的课堂,教师的提问覆盖面居然不足 40%,剩下 60% 的学生的学习积极性该从哪里激发呢?

学生的学习成功其实是从他在老师或者同学或者家长的眼里看到对自己的认可开始的。当他经常参与课堂发言,时常感受到老师、同学、家长的认可,时常能够在他人的眼里看出自己的成功时,他必定会健康快乐地成长。

在此,还可以进一步了解一下我们曾经的一个调研:

表 2-8　关于"你最近一次在课堂上,得到老师表扬的时间……"情况统计

	本周	上周	半月前	一月前	两个月前	因时间太长,想不起了
学校 1	20%	20%	*	20%	20%	20%
学校 2	11%	11%	11%	11%	22%	22%
学校 3	0	17%	33%	17%	33%	0
均值	10%	16%	22%	16%	25%	14%

数据分析

在访谈学生的过程中,当部分学生笑着对我说"时间太长了,可能是两年之前吧",我现在也

---

[1] 孙琪斌. 孙琪斌讲数学[M]. 北京:语文出版社 2010:76.

无法描述学生脸上那个笑的表情,也无法描述心底的那份无奈……①

试想一下,一节六年级数学基础课,在一个需要每个学生都必须掌握的知识点(移项,解一元一次方程)上,教师为了讲课的顺利,居然对学生的真实学习困难视而不见,对于没有进入学习状态的学生置若罔闻,而执着于重复提问4个成绩较好的学生。那么,对于我在课前看到的21本作业中有16位学生的作业出现错误这个问题就不难理解了。

学生的有些错误为何会让我们这些数学老师都感到难以理解?其实我们只要看一看第5行第1列那个学生的课堂学习状态就可以找到原因了。

这节课上,他整节课都趴在课桌上,始终都没有进入学习状态。同样,学生(3,2)与学生(5,2)在课堂上不时地摆弄手中的小物品,因此,这些同学在完成作业的过程中出现错误也是正常的。

其实,这份课堂提问数据表所带给我们的信息还有许许多多,比如,教师的教学方式,教师潜意识中的教学理念,支撑这节课教学设计的教学思想。这些问题我们都留待后面研究。

(备注:这个案例可能是个案,但是重复提问学生,尤其是重复提问部分成绩较好的学生回答问题的情况在课堂上时有发生。)

案例二:教师的专业发展遭遇了什么样的瓶颈?

(一)寻找入职初期教师最需要努力的方向

表2-9 一职初教师在教七年级数学平行线的性质一课的课堂统计表

教室前门	第1列	第2列	第3列	第4列	第5列
第1行	1	1		1	1
第2行		1		1	
第3行	?			1	
第4行	?	1			

---

① 孙琪斌.表扬的三种时态[J].上海教育科研,2007(5).

教室前门	第1列	第2列	第3列	第4列	第5列
第5行	1	???		1	
第6行	??	??	空	??	空

数据分析

(1) 教室内实有学生28人,课堂提问率为35.7%(偏低),提问覆盖面为35.7%(偏低)。

(2)"?"表示在老师讲课的过程中,悄悄说话的学生;"??"表示没有学会的学生;"???"表示始终趴在课桌上没有听课的学生。

(3) 没有出现重复提问学习优秀生的情况,因为老师忙于讲授教学内容,而与学生互动方面的课堂提问较少。这一点从带有"?"号标识的学生在课堂上所处的状态也可以观察出来。

数据背后的信息

对于这位教师而言,目前最急需的尚不是学科专业知识,也不是现代教育技术,而是需要加强课堂教学管理,努力提升课堂教学管理的能力。

案例三:教龄在10年左右的骨干教师专业发展的方向在哪里?

1. 课堂提问数据

表2-10 一教师在上九年级数学一次函数复习课的课堂统计表

8列	7列	6列	5列	4列	3列	2列	1列	前门
1		1	1	4		1		1行
		1		1	2		1	2行
1	1	1	1		3	1		3行
1		2	2	1	1			4行
2	1		2	2		1		5行
		1	空位			空位	?	6行

数据分析

这节课的课堂提问率为80.4%,提问覆盖率为56.5%,从某种意义上说,这节课可以归属为常态课中的好课。若不看这张课堂提问数据统计表,仿佛找不到这节课的问题。倘若仔细审视这张课堂提问统计表,那么,我们至少可以找到3个待改进的问题:

① 学习优势生得到了较多的关注,如:教师四次提问学生(1,4),三次提问学生(3,3)。

② 学生(6,1)(表格中标注"?"的学生)始终没有真正进入学习状态,上课期间,曾打呵欠2次。

他为何始终没有进入学习状态?是偶然?还是在其他课上也这样?假如教师在这节课上提问到这个学生,那么写在他脸上的倦容会不会消失?

③ 合作没有发生,蕴涵在学生之间差异方面的资源,没有得到充分地利用。为什么这样说呢?因为在这节课上,我没有看见源于学生与学生之间的互动,学生没有这个行为,教师也没有组织学生开展生生交流活动。

2. 数据背后的信息

学生脸上的倦容仅仅是疲倦吗?对于一个汇集了优质生源的学校,要不要关注全体学生?假如将这个班级的最后一名学生放到郊区的薄弱学校,那么这个学生必定会成为老师眼里的宝。

应该说,无论从教学预设还是教学效果来看,这堂课都是一堂好课。但学生(6,1)的课堂表现却需要引起我们的重视,毕竟这是一所生源相对较好的学校,假如把学生(6,1)放到普通的学校里,我相信这个学生发展的空间可能会更大。

为什么老师没有发现这位始终没有进入学习状态的学生?因为老师确立的教学目标中没有数量的概念、没有学生的概念。老师只是想通过大部分学生的配合完成这堂课的教学内容。

下一节课呢?老师会不会关注到这个学生?假如老师因为忙、因为思维中的某种定势,又忽视了这位学生,那么再下一节课呢?……假如一周之内,你都没有注意到这位学生,这位学生又怎么会喜欢你的数学课呢?

其实,要解决这样的个别学生的问题并不难,只要教师有运用学生身上的资源的意识,简单地组织一次合作,则许多类似这样的个别问题可能就可以解决在这次合作过程中了。

对于骨干教师而言,抓考试成绩固然重要,然而落实"人人都能获得良好的数学教育,不同的人在数学上得到不同的发展"更加重要,这就需要骨干教师、名优教师要胸怀数学教育的情怀,在不降低教学成绩的前提下,努力实施数学教育。

案例四：我们的高级教师怎么了？

1. 课堂提问数据

表 2-11　一中学高级教师在教六年级数学一次方程组的应用一课的课堂统计表

第 5 列	第 4 列	第 3 列	第 2 列	第 1 列	教室前门
	1	2	6	5	第 1 行
	3		3	1	第 2 行
	1			?	第 3 行
	2	1		1	第 4 行
	5			2	第 5 行
1	空位	空		1	第 6 行

数据分析

(1) 教室内实有学生 27 人，表格中的数字为该位置的学生在提问中发言(或去黑板解题)的次数，课堂提问率 129.6%，提问覆盖面为 55.6%，两率之间的差值为 74%。

(2) 学习优势生(1,2)被提问 6 次，生(1,1)、生(5,4)被提问 5 次，生(2,2)、生(2,4)被提问 3 次。

(3) 在课堂练习过程中，学生(3,1)与学生(2,1)之间存在显著差异，学生(2,1)处于审题的过程中，学生(3,1)已经完整地完成了解题过程，但是发生在他们两人之间的互助并没有发生。学生(2,1)在老师开始讲评时也没有解决问题，学生(3,1)就静静地举手，静静地等待老师的认可。

2. 数据背后的信息

透过课堂上多次出现的重复提问，不难发现这位老师的教学依然停留于传授知识、方法的阶段，并没有走进教书育人的境界，此乃阻碍教师发展的瓶颈之一；不能适应并运用蕴含在学生身上的资源，此乃阻碍教师发展的瓶颈之二。

案例五：为什么会留下执教一生的遗憾？

表 2 - 12　一即将退休的教师在教七年级数学平行线的判定一课的课堂统计表

第6列	第5列	第4列	第3列	第2列	第1列	教室前门
1						第1行
1						第2行
1	1					第3行
3	1			1		第4行
	2					第5行
				2		第6行
空位		空位			空位	第7行

1. 数据分析

（1）教室内实有学生 38 人，课堂提问率为 34.2％；提问覆盖率为 23.7％。

（2）学习优势生(4,6)被老师提问 3 次。

2. 数据背后的信息

在这样的课堂上，教师在做什么？学生在做什么？不用我说，大家也能够想象出课堂的情景：教师在按部就班地讲课，讲概念、讲法则、讲证明……学生呢？自然是坐在自己的坐位上乖乖地听。

时而，也可能会有人转脸看看窗外，也可能偶尔会有学生之间偷递一个眼神或纸条，一定也会有人在想昨天晚上看过的电视或想某个电影明星的某个趣闻……

在下课铃声响起的时候，这堂课上的教学目标究竟会落实到多少学生身上？会具体落实到哪些学生身上？

即将退休的老师(高级教师)的课堂提问率居然低于 50％，这至少可以说明以讲授为核心的教学方式是该老师的课堂教学的主旋律。依然喜欢重复提问某几个成绩较好的学生，说明教师潜意识中的教学目标定位依然是讲完备课过程中准备的教学内容。假如说年轻教师因为不了解教材、不了解学生，故而走进课堂之后来不及关注学生，尚且可以理解。可是对于一位即将退休的老师而言,对于因为非常熟悉教材、了解学生的常见学习错误的老教师而言,走进课堂之后依然生成了这样的课堂教学交流状态,这不能不说是执教一生的遗憾,从某个角度也可以投射出国家第八次基础教育改革(上海的"二期课改"时代,全国的新课程改革时代)的盲区。

案例六:朴实的课堂上飘出的几缕香

这是上海市嘉定区外冈中学陆玲老师执教的一节区级公开课。这节课的最大特点就是朴实,朴实之中又飘逸着几缕清新,于是就以"朴实的课堂上飘出的几缕香"作为本次评课的话题。

第一缕香源于这节朴实的课堂,这是真正为学生而上的一节复习课。

在有些公开课上(也包含我自己的公开课),为了展示某些东西,我们总会在有意无意之间给课堂附加某些本不该属于这节课的东西(多余的话语、难度过高的问题设计、多余的提问、为展示错误而预设的错误……)

在陆老师的这节课上,仿佛找不到一丝作秀的痕迹,作为解直角三角形的应用复习,她在预设的四个环节(知识梳理、基础填空练习、重要例题选讲、当堂反馈练习)中,由浅入深地设计了18个问题(含机动题),其中蕴含了解直角三角形这一单元的主要知识点。

按照这样的预设,陆老师不紧不慢地与20位同学进行了24人次的教学交流(这里指面向全班的课堂提问),详见表2-13。

表2-13 课题:解直角三角形的应用(复习)

22人	8列	7列	6列	5列	4列	3列	2列	1列
1行	1	1	2	1	1	1	1	1
2行	2	1	1	2	1	1		单独辅导1次
3行	1	1	1	1	1	2	我	空位

数据分析

(1) 课堂提问率为105%;提问覆盖面(含单独进行辅导的学生)为95.5%,没有参与到班级交流的学生(2,2),也已经掌握了本课的复习内容(因为他坐在我的前面,所以练习期间我曾多次注意到他)。

（2）在这些提问中，有一位同学在回答 $40 \times \sin 45°$ 时，遇到了一定的困难，坐在下面的我都有些着急了，但陆老师仍然在倾听着这个学生的发言，直到引导他完成这个发言。

这就是我看到的朴实、我所感受到的朴实中的第一缕香。

第二缕香源于由师生交流而生成的课堂板书。

这是我第三次走进陆老师的课堂（唯独这一次，我与她用这样的方式进行了课后交流；其他两次，我都是听完课就走，并没有与她交流课堂教学情况）。总观这三节课，她的课堂风格已经基本稳定：与学生一起，在教学重点处共同生成课堂板书，而且这个板书生成的过程中蕴含着学生不成熟的发言以及在此基础上的教师指导、梳理、提升……

以这节课为参照物，临近下课时学生（3,6）在黑板上展示的练习1的解答过程，已经足以说明一切，这个学生的有序板书，就是陆老师家常课教学有效的最有力的证明。

第三缕香源于陆老师的课堂提问用语。

"你觉得这个问题该怎样解？"

"像××同学这样思考，接下去我们该怎样做？"

"没有做对的同学，请听××同学再说一遍。"

"××同学，把你的想法简要说明一下……今后我们也可以这样更简洁地说……"

"请同学们伸出手，把南偏西 $30°$ 的动作做出来……"

"为什么这样添辅助线？这样做辅助线有哪些优势？"

化归思想，就这样自然流露于一个添加辅助线将斜三角形转化为直角三角形的例题分析之中……

第四缕香源于陆老师的当讲则讲，详略得当。

在例题2的学习过程中，老师与学生一起得出方程之后，老师并没有在黑板上与学生一起解方程，而是把这个不属于本课的内容放手交给了学生，由学生动手完成这个运算过程。

时常听到有老师抱怨学生的运算能力弱，假如我们在日常的课堂教学过程中，都能够坚持如此，在该让学生动手运算的时刻就放手让学生运算，那么他们又能有多少运算错误会源源不绝地呈现在试卷上呢？

学生的基础运算能力不是完全依靠老师精彩的课堂讲授就可以一次性形成的，学生的基础运算能力需要学生在自主尝试的环境下经过适度而非过度的训练中逐渐习得。

案例七：怎样去预设课堂上的空白？

这是上海市嘉定区马陆育才联合中学印洁老师的一节家常课。

2012年11月17日上午，在马陆育才联合中学，我再次走进了印洁老师的课堂，观摩了她与八年级(5)班的学生共同完成的家常课"几何证明(4)"，收获颇丰。

这节课，总结起来有这样几个特点：

特点1：注重教学互动，教学交流的频率较高(详见表2－14)

表2－14　印洁老师在执教八年级数学几何证明一课的课堂统计表

28人	第5列	第4列	第3列	第2列	第1列	前门
第1行	1	1	1	？	1	第1行
第2行	@	1	@	2	1	第2行
第3行	1	2	2	1	2＋1	第3行
第4行	4	@	1	1	1	第4行
第5行						第5行
第6行	1	1	空位	空位		第6行

数据分析

(1)课堂提问率为107％，提问覆盖面为85.7％，其教学交流属于优秀层次。

(2)在完成练习2的过程中，我发现处于"@"位置的学生虽然未得到参与班级交流的机会，但他们都已经达到了本课时的教学目标。

特点2：关注通性通法，重视学生叙述的规范与书写的严谨

比如，教师能够抓住证明两直线的基本方法：借用等腰三角形的三线合一、利用垂直的定义。

比如，在叙述等腰三角形三线合一的性质时，一名学生习惯性地说出"等腰三角形的角平分线与……"顷刻之间，有一些学生自发地予以纠正："等腰三角形的顶角平分线与……"

譬如，叙述证明两线段相等的常用方法，当学生习惯性地说出"可以利用等角对等边"时，印

老师马上就予以调整:如果要证相等的两条线段在同一个三角形中,或者如果要证相等的两条线段分别处于两个三角形之中,你又会想到什么方法?"启发学生规范地说出:当要证明相等的两线段处于一个三角形中,可考虑使用等角对等边;当要证明相等的两线段处于一个三角形中,可考虑证明两三角形全等。

特点 3:适度地课堂留白,拓展了更多学生"想"、"讲"、"练"的空间

比如,在师生互动叙述、板书例 1、例 2 的证明过程中,印老师曾分这样三个层次,引导学生参与教学交流:

(1) 从方法的层面上回顾证明两直线垂直的一般方法;

(2) 结合题目的具体特征,选择可能适用的方法;

(3) 在此基础上,再与学生一起,叙述、板书证明过程,在这个板书过程中,印老师有意识地引导学生关注填写在括号内的证明依据,但却并没有将这个依据写出来,而是以一种空白的方式,给课堂留下了诸多填空处……

待师生互动完成证明论证之后,印老师曾两次颇有效地运用了"请在 30 秒之内回忆、梳理证明过程",最后又着重抽查部分同学,完成留在黑板上的课堂填空。

我感觉,印老师这里设置的课堂留白与有意识地回忆、梳理以及有针对性地选择学生填空,已经走进了教学艺术的境界。

当然,这节课也有两点值得研讨:

(1) 学生(3,3)参与教学交流的次数。

就在临近下课时,我发现印老师已经组织了 29 人次的课堂提问,且没有出现重复提问同一个学生超过 3 次的情况,就在我刚在听课记录本上欣慰地写下"无重复提问三次同一个学生的现象发生"时,印老师又一次提问学生(3,3)去黑板上解答练习(主要是因为接近下课,想完成课堂练习的缘故)。

(2) 学生(1,2)身上积淀的学习困难。

在学生进行最后一轮练习期间,我抽查了尚没有得到教师提问的 4 位学生,发现学生(2,5)、学生(2,3)、学生(4,4)均已经达成了学习目标,但学生(1,2)尚有一些学习困难。

当然,这里的遗憾,在 99% 的课堂上都有发生。

案例八：如何落实"在学中教"？

这是上海市曹杨二中附属江桥实验中学沈志雄老师的一节区级公开课。

特点 1：常态座位，灵活分组（课堂教学交流情况见表 2-15）

表 2-15　沈志雄老师在执教九年级数学相似三角形的复习一课的课堂统计

第6列	第5列	第4列	第3列	第2列	第1列	
E 组		C 组		A 组	1	第1行
	1	1				第2行
F 组		D 组		B 组		第3行
		2	1	1		第4行
	空位	空位	空位	空位	空位	第5行

数据分析

（1）教室内实有学生 25 人，表格内的数字为学生代表小组发言的次数；

（2）A、B、C、D、E、F 各个小组的区域划分，是我依据课堂教学过程中实际情况而设定的，也为了下文描述教学活动的方便。

在有些课堂上，时常看到一些专门为合作而合作的座位安排，当然这也没有什么不好，但是当整堂课上的讲大于合作中的学时，总感觉专门为合作而合作的座位有些别扭。

因为合作不是在老师发布学习指令之后就可以即刻生成的，没有充分自主有效的思考，合作也就只能在形式上。

沈老师的这堂课在自主思考、小组合作、班级展示的有机结合方面，进行了有益、有效的尝试。

特点 2：目的明确，层次分明，重点突出，详略得当

（1）自主完成检测试卷，静悄悄的 10 分钟难能可贵。

13：00—13：10，沈老师首先安排了 10 分钟的时间，让学生自主完成了一份相似三角形基础知识微型检测卷。

我尤其欣赏这里用于基础知识、方法的微型测试,尤其欣赏这里静悄悄的 10 分钟。在学生做练习的同时,我也在紧张地答题。8 分钟后,我完成了这份微型检测卷并开始查看部分学生的答卷情况。

我巡视发现,多数学生均已经较好地掌握了相似三角形单元的核心知识、方法。遗憾的是,沈老师没有当堂给予反馈,而是待课后认真批阅后再给予反馈。当然,这里的遗憾,也只是我的个人感觉。事实上,纵观整堂课的教学情况以及教学效果,这里的遗憾也不是遗憾。

假如因拘泥于此刻的当堂反馈而冲淡了对后面三个典型问题的交流与展示,那时的遗憾才是真正的遗憾。令人欣慰的是,这样的遗憾并没有发生。

(2)立足教学重点,在学中教,小组合作,异步达标。

13:11,出示问题 1——相似三角形中的动点运动、分类讨论。

师(约在 2 分钟后):有没有做完的同学,如果有,请主动帮助本组其他同学。

我大约在 3 分钟后画出了三种情况的图形并找到了解决方法。

13:14,师:小组内 4 位同学全都做好的,请举手。

B 组同学全部完成。

教师查看其他小组的学习情况,我也在巡视各个小组的学习情况。

13:16,B 组代表到黑板上汇报小组形成的解题方法,这时,我发现学生基本上都已经找到了三种情况,并给出了正确的解答,个别有困难的学生也在 B 组同学的发言中理解了问题。

13:18,师:全对的学生请举手。

我没有来得及详细调查,感觉是全部学生都举手了。

这里的自主思考、主动帮助、小组合作、班级展示,既给先会的同学找到了一个施展自己才华的平台,也给后会的同学铺设了一个良好的台阶。

因为我发现坐在我前面的 D 组同学之间的合作非常有效。其间,我询问了 D 组一位同学【得到小组帮助的同学,生(4,4)】,她给我讲述了三种方法中的两种方法,其中一种方法是得到帮助之后的方法,另一种方法是她自己想到的方法。剩下的一种方法比较直观,我就没有调查。

异步达标,就这样当堂彻底落实在 D 组这位同学身上!

13:20,教师出示变式问题 2——两个动点在直角三角形的两边上运动,什么时间后,两动点与某一顶点构成的三角形是等腰三角形?

我在约3分钟后找到了三种情况,并列出了方程。

13:24,教师调查课堂学习情况,发现E、C、A、B组各有1位同学完成,随后教师安排这些同学帮助小组其他的同学。

13:28,我再次询问D组的(4,4)同学,发现她已经学会。

这时,沈老师安排了C组一位同学面向全班叙述解题方法。在接下来的调查中,大约有85％以上的同学(没有来得及仔细落实数据)都举手表示已经学会了问题2。

13:30,教师进行梳理、拔高。

13:32,进入变式问题3——等腰三角形背景下的动点运动、分类讨论。

13:34,D组同学有2人完成,随后F组完成、C组完成……

13:36,D组两位同学合作共同完成了班级展示,其中生(4,3)的发言相当精彩。我询问发现,生(4,4)也较好地掌握了这个问题。

接下来的课堂调查发现,全班同学终于100％地理解掌握了本堂课的核心问题——相似三角形中基于动点运动的分类讨论。

最后,沈老师又给出了变式4,供学生在课下思考……

读到这里,大家也许会困惑,我上面描述的几乎都是学生的状态,老师呢?

老师的作用就在于设计系列良好的问题,就在于在课堂上组织学生参与学习,就在于在适宜的时机展开必要的提示、提升。

这些,沈老师均已经做到。我期望中的"在学中教",基本上就是这样的。

案例九:我们的教研有没有问题?

(一) 寻找被遗忘的课堂角落

1. 课堂上出现被遗忘角落的部分课例展示

在一次教学调研中,我曾经使用课堂提问统计表连续观察了3节课,分析研究三堂课上的师生交流情况,我发现了一个教研问题。反馈时,我将这个信息反馈给了教研组的老师。

表 2－16　班级:七年级五班　课题:<u>平方差公式</u>

第6列	第5列	第4列	第3列	第2列	第1列	教室前门
	2	1				第1行
	2		2	1		第2行
1		1	1			第3行
1	1					第4行
1	1			1		第5行
2	2		1		2	第6行
空位		空位			空位	第7行

数据分析

教室内实有学生 39 人,课堂提问率为 64.1%,提问覆盖面为 48.7%。

【课例 2】

表 2－17　班级:六年级三班　课题:<u>分数的加减法</u>

第6列	第5列	第4列	第3列	第2列	第1列	教室前门
				1		第1行
3	2	1	2	1		第2行
		1	1	2	3	第3行
	2	1	1		1	第4行
	●			1		第5行
	1		空位	空位	3	第6行

数据分析

教室内实有学生 34 人,课堂提问率为 79.4%,提问覆盖面为 50%。临近下课 3 分钟的时候,学生(5,5)打哈欠 1 次。其中一个练习,全班只有 1 位同学出现错误,这个错误也在课堂上得到了教师的及时关注。

【课例3】

表 2-18 班级:七年级一班 课题:整式的乘法(复习)

第6列	第5列	第4列	第3列	第2列	第1列	教室前门
		4	1	1		第1行
		1		1		第2行
				1		第3行
1		1				第4行
						第5行
						第6行
空位	1	空位	空位	空位		第7行

数据分析

教室内实有学生 38 人,课堂提问率为 31.6%,提问覆盖面为 23.7%。

在前两组练习中,到黑板上解题的学生均出现错误,在第三组练习中,全班只有 9 人全部正确,正确率只有 23.7%。

【数据背后的信息】

仔细分析这三节课上的师生交流情况,不难发现,这三节课均有被教师遗忘的角落。

第 1 节课:学生(4,4)、(4,3)、(5,3)、(5,4)所在的四个位置形成的矩形区域,就是一个被遗忘的角落。

第 2 节课:学生(3,6)、(4,6)、(5,6)、(6,6)四个位置形成的矩形区域和(1,3)、(1,4)、(1,5)、(1,6)四个位置形成的矩形区域,也可以视为被遗忘的角落。

第 3 节课:学生(1,5)、(1,6)、(2,5)、(2,6)、(3,5)、(3,6)组成的矩形区域;学生(5,3)、(5,4)、(5,5)、(5,6)、(6,3)、(6,4)、(6,5)、(6,6)组成的矩形区域;学生(1,1)、(1,2)、(1,3)、(1,4)、(1,5)、(1,6)、(1,7)组成的矩形区域,皆属于被课堂遗忘的角落。

有些情境下的课堂提问对于学生而言,其实就是一种暗示或者提醒。当发现某个区域的学生学习精力有所分散时,你可以提问该区域的一个学生,引起这个区域学生的注意。

限于时间、班额,有些时候,我们的确不能够提问所有的学生,但是我们可以实施合作学习方式,按划定的区域分组对学生进行提问。

无论什么情况,只要课堂上出现了被遗忘的角落,那么这节课就不能晋升到好课的行列。事实上,课堂出现被遗忘的角落并不是个案,而是一个较为普遍的现象。

【课例4】

表2-19　课题:三角形的分类(上教版,七年级)

第7列	第6列	第5列	第4列	第3列	第2列	第1列	前门
	2	3		空位	1	1	第1行
	2						第2行
2						2	第3行
1							第4行
1				4		1	第5行
空位		2		1			第6行
空位	空	我	空	空	空	空	第7行

数据分析

(1) 班级实有学生40人,表格中的数字为教师单独提问该位置学生参与班级发言的次数;课堂提问率为 $\frac{23}{40} \times 100\% = 57.5\%$,提问覆盖面为 $\frac{13}{40} \times 100\% = 32.5\%$。

(2) 一堂课上3次提问学生(1,5);4次提问学生(5,3)。

(3) 表格中的阴影区域皆为被教师遗忘的角落。

【课例5】

表2-20　课题:列方程(组)解应用题(上教版,八年级)

第8列	第7列	第6列	第5列	第4列	第3列	第2列	第1列	前门
2		2						第1行
1	1	1		1				第2行
				2				第3行
1								第4行
3	1	1		2?	?	1		第5行

数据分析

(1) 班级实有学生 40 人,表格中的数字为教师单独提问该位置学生参与班级发言的次数;课堂提问率为 $\frac{19}{40} \times 100\% = 47.5\%$,提问覆盖面为 $\frac{13}{40} \times 100\% = 32.5\%$。

(2) 学生(5,4)与学生(5,3)在课堂上偶有小声说笑的情况发生。

2. 被课堂提问遗忘角落的背后

"以学生发展为本"、"为学生的一生发展奠基"等口号是教师在撰写论文或者说课、评课时经常使用的理念之一。

一节课,真的能够为学生的一生发展奠基吗?

如果我们连学生在一节课上的发展都不能够保证,又何必高呼为了学生的一生发展?

如果在课堂发言这件小事上,我们都不能做到面向班级全体学生,那么我们又如何解释以学生发展为本呢?

课堂提问中出现被遗忘的角落,从一节课来分析,这真是一件小事,但若某个区域或某些同学经常被提问遗忘,这就不再是一件小事,而是一件大事。

与其说为了学生的一生发展,不如说为了学生的一课发展! 与其说为了学生的一课发展,不如说为了学生的一刻发展,就在学生参与课堂交流的此刻,让其获得发展!

3. 解决课堂上被遗忘角落的部分策略

以数学课为例,在家常课上,想要真正关注到被提问遗忘的角落,首先需要认真解读《义务教育数学课程标准(2011 年版)》中的有关理念。比如,"有效的教学活动是学生学与教师教的统一"等理念,其次需要全面认识四种教学方式(图 2 - 1)。

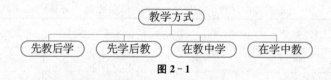

图 2 - 1

"**先教后学**":指教师讲授在先、学生自主学习在后的教学方式。相对于某些抽象的数学概念,比如绝对值、平方根、函数,教师讲授适度前置于学生的自主思考与小组交流,其教学效果未必不好。这里将教师讲授前置于学生自主学习的教学方式称为"先教后学"。这类教学方式曾一度与"传统"画等号。

"**先学后教**":指学生自主学习、小组交流、分组汇报在先、教师讲授、讲评在后的教学方式。

关于"先学后教"，江苏洋思中学做了大量研究且取得了显著成绩，然而若使用这种方式上课，我们还有必要进一步提升课堂教学立意，从能力立意走进人本立意的层面上，开展数学教育。

"在教中学"：也称边教边学，指按照预设流程面向全班讲讲、议议、练练，讲练结合的教学方式。这里将这类教学方式称为"在教中学"。该方式是目前较为常见且被普遍运用的教学方式之一。

"在学中教"：也称边学边教，指教师讲授融合在学生自主思考、小组交流、班级展示的过程中的教学方式。"本着教学生当堂学会的目标，当学则学，当教则教；学中有教，教中有学；教学相融，学教一体，这就是在学中教。"

"没有一种教学模式在任何时候适合所有的学生"[1]，若结合具体教学内容与学生实际学情，在"先教后学"、"先学后教"、"在教中学"、"在学中教"这四类教学方式之中，总会有一种教学方式有利于实践教学活动是师生积极参与、交往互动、共同发展的过程。

具体说，可以尝试如下方法：

● 确立 4 人合作组

假如教室内有 80 个学生，那么我们可以依据自然位置，每四人组成一个学习点，这样，80 个学生就可以结合为 20 个学习点。

在这个结合过程中，不需要考虑学生的成绩，也无须考虑学生之间的差异，需要的只是有没有把相邻的 4 个学生看成一个学习片的意识与胆识！

● 尝试分层交流，支持合作学习

若提问学生，抛开小组直接到人；若学生发言，也不经过小组之间的交流，就直接将个人的想法汇报到全班，那么这样的教学方式自然就不支持合作学习。

要想在大班环境下，尝试小班教学，就必须发挥四人合作小组的作用，实施分层交流。

在 4 人合作小组中可以解决的问题，就不需要再提交到全班范围内交流讨论。这样进入班级范围交流的问题，就可能更有针对性。

● 坚持评价到小组

将问题抛给学习小组，提问到组，评价到组，抽查发言的同学成绩，记为小组每一个成员的

---

[1] ［美］Bruce Joyce, Marsha Well, Emily Caihoun. 教学模式［M］. 荆建华，等，译. 北京：中国轻工业出版社，2011.

成绩,那么合作就能够萌发。

遇到问题,先不抽查能够回答出来的学生,而是提问需要在合作互助中才能够解决问题的学生。

在黑板上举行学习竞赛,专门抽查需要合作才能够解决问题的学生,允许他们先在黑板下充分交流,走上黑板,就必须独立完成。

如果这个学生不能够完成这个题目,那么下一个接力题目,就不能够开始。即使小组内的其他成员都能够解决这个问题!

一旦4个学生被教师训练成一个学习同一体,那么80个学生的大班不就成为20个学生的小班了吗?

控制、训练四人学习小组组成的学习共同体,充分挖掘学生身上的资源,"兵教兵",放弃一步到位直接到学生个体的课堂提问,使用关注面向学习共同体的提问,是在大班环境下实现小班化教学的核心策略。①

案例十:老中青以及新教师为什么课堂上普遍存在"目中无人"的现象?

我曾有意识地观察了老(有较深资历的教师)、中(中年教师)、青(青年教师)、新(新教师)四个层次教师的数学课,发现"心中有教材、眼里无学生"的问题比较常见。

1. 课堂上出现目中无人现象的描述

【课例1】

表 2-21　三角形的中位线、梯形的中位线(复习课),郊区一所薄弱学校

30人	第1列	第2列	第3列	第4列	第5列	第6列
第1行				1		
第2行		1		1		
第3行	1	1	1			
第4行			1			1
第5行		?			1	

① 孙琪斌.在学中教、异步达标[M].南京:江苏教育出版社,2008:214.

数据分析

教室实有学生 30 人,表格内的数字为教师提问该位置学生回答问题的次数。

课前,我曾用"上底长为 4 cm,下底长为 8 cm 的梯形中位线的长度是多少"等问题与学生 (5,2)交流,发现该生不理解梯形的中位线定理。看到上课教师走进了教室,我终止了与之的交流并顷刻之间做出了一个不负责任的决定:假如这节课是学习与中位线有关的内容,只要教师能够关注到这个学生,并且这个学生在下课时能够正确回答我课前提问的两个问题,那么我就把这堂课确定为优课。遗憾的是,教师在这节课上始终没有注意到这个学生。虽然这节课就是复习三角形的中位线、梯形的中位线的。

这,也许是一个极端的个案,但教师的眼里只有教学内容而没有具体的学生,却是一个不争的事实,而且这也绝对不是个案。[①]

【课例 2】

表 2-22　八年级数学　课题:一元二次方程的解法(公式法)

第 5 列	第 4 列	第 3 列	第 2 列	第 1 列	前门
1		1			第 1 行
				1	第 2 行
1	1	1	1	1	第 3 行
					第 4 行
1	2	2	*	我	第 5 行
2	空	空	空		第 6 行

数据分析

(1) 教室内实有学生 27 人,课堂提问率为 55.6%,提问覆盖面为 44.4%。

(2) 标注 * 的学生始终使用配方法解方程,即使在接近下课的时候。

这节课老师给出的练习题是"解方程:(1) $x^2 - 2 = 2\sqrt{2}x$;(2) $x^2 - 2(\sqrt{5}x - 3) = 1$"。

在学习用公式法解一元二次方程的课堂上,假如学生始终使用配方法解方程(即使解答完

① 孙琪斌.孙琪斌讲数学[M].北京:语文出版社,2010:2.

全正确),那么是否可以说这位学生已经达到用公式法解一元二次方程的教学目标呢？学生弃公式法而选择配方法,恰恰说明了用公式法解一元二次方程的教学目标没有当堂落实到这位学生身上。

也许有老师会认为,在课堂上,正常的教学内容我都教不完,谁还有闲心来管你这样的细节？可是假如在这节用公式法解一元二次方程的课堂上,有40%左右的学生在完成作业或考试时弃公式法而使用配方法或因式分解法解方程,这能够说明我们已经完成了用公式法解一元二次方程的教学任务吗？

真正的教学任务,不是将教学内容有序、合理地呈现在课堂上,而是将这节课的教学目标具体落实到学生身上。

在学习用公式法解一元二次方程的课堂上,学生习惯于使用配方法或其他方法解一元二次方程,可能与这样两个问题有关:

(1) 教师只忙于呈现知识,忽视了通性通法的渗透。假如学生能够意识到用一元二次方程的求根公式可以求出所有有实数根的一元二次方程的根(仅指初中阶段,事实上学习了复数之后,一元二次方程可以求出所有的一元二次方程的根)。若如此,我想也许就会有学生愿意认识这个看起来繁琐、用起来简单的一元二次方程的求根公式,而不会出现"到了初中毕业的时候,有些学生记不住一元二次方程的求根公式"的怪事。

(2) 教师在备课时没有考虑到课堂练习题的具体情况,假如给出的方程不便于使用配方法求解,学生也许就不会使用配方法求解①。

【课例 3】

课题

三角形的分类(上教版,七年级)

教学目标

(1) 通过尝试活动,能够按某一特征对三角形进行分类,并形成概念,得出定义。

(2) 学会用分类讨论的思想解决数学问题。

(3) 通过尝试探索得出结论:三角形的三条中线、三条角平分线、三条高所在的直线分别交

---

① 孙琪斌.孙琪斌讲数学[M].北京:语文出版社,2010:68.

于一点。

表 2 - 23 借班上课,教师为某地名优教师

第 7 列	第 6 列	第 5 列	第 4 列	第 3 列	第 2 列	第 1 列	前门
1	4			1		3	第 1 行
1		1	2	6			第 2 行
1	4	2			2		第 3 行
1			1	1			第 4 行
		1		4	3		第 5 行
空位		1					第 6 行
空位	空	我	1 *	空	空	空	第 7 行

数据分析

(1) 班级实有学生 42 人,课堂提问率为 $\frac{41}{42} \times 100\% = 97.6\%$,提问覆盖面为 $\frac{20}{42} \times 100\% = 47.6\%$。

(2) 一堂课上 3 次提问学生 $(1,3)$、学生 $(5,3)$;4 次提问学生 $(1,6)$、学生 $(3,6)$、学生 $(5,3)$;6 次提问学生 $(2,3)$。

(3) 在以 A、B 两点为顶点画等腰直角三角形时,学生 $(7,4)$ 很快就画出了教师所要求的六种情况。这时,我悄悄地问学生 $(7,4)$:假如老师不讲,你可以画出这六种情况吗? 他点了点头,很肯定地说:能!

由此引起了我的思考:课前,学生会不会对三角形进行分类? 一定有部分学生像学生 $(7,4)$ 这样,借助预习就可以学会本课内容,这样的学生究竟有多少? 我想知道,可是我没办法知道,因为教师没有给我提供这样的机会。同时,我也认为一定有学生不知道如何分类,一定会有学生在分类中会出现问题! 将这堂课的起点定位在这些差异之中是否可以呢? 若教师不从这里开始教学,而是将学生视为零认知(指在三角形的分类方面),进行集体性的共性授课,这堂课的实际增量又该有多少? 值得研究。

[课例 4]

课题

三角形的分类(上教版,七年级),同课异构第 2 节

教学目标

知识与技能：

(1) 知道三角形按角和边的分类,初步体会分类的思想和方法。

(2) 认识各类三角形的中线、角平分线和高的交点问题。

过程与方法：

经历观察、具体操作、独立思考、合作交流的学习过程,提高观察、分析、归纳总结的能力。

情感、态度与价值观：

在探索活动中体验成功,建立自信,品尝与他人合作的乐趣,学会与人合作与交流。

表 2-24　一教师为某地名优教师开设的一次展示课的课堂统计表

第7列	第6列	第5列	第4列	第3列	第2列	第1列	前门
1	1	2		2	3	3	第1行
1			1	2		1	第2行
	2						第3行
1		1		3	1		第4行
				4			第5行
空位						1	第6行
空位	空	我	1?	空	空	空	第7行

数据分析

(1) 班级实有学生 43 人,表格中的数字为教师单独提问该位置学生参与班级发言的次数;课堂提问率为 $\frac{31}{43}\times100\%=72.9\%$,提问覆盖面为 $\frac{18}{43}\times100\%=41.9\%$。

(2) 一堂课上 3 次提问学生(1,1)、学生(1,2)、学生(4,3);4 次提问学生(5,3)。

(3) 组织合作学习 3 次,在其中的一个环节,几乎是全体学生都参与到合作学习过程之中,很难得! 值得学习!

(4) 在小结时,学生(5,3)的发言内容与发言水平令人震撼。就在大家均在为这堂课实际生成的教学效果而沾沾自喜时,我悄悄地问学生(7,4):"等边三角形是不是等腰三角形?"学生(7,

4)在稍微迟疑之后答道:不是!①

2. 课堂目中无人现象的归因分析

(1) 基于知识本位的教学目标立意体系,是阻碍生生互动的根源。

教师缺乏以学生实际获得的发展为本的目标意识,没有把基于知识立意的教学目标转化为基于人本立意的教学目标,没有将教学目标与当堂可能达成教学目标的学生人数绑定在一起。

若教师的潜意识内缺乏以学生所获得发展的人数的多少为核心的定量描述体系,而只是停留在基于知识本位的教学目标立意体系中,认为只要完成了知识方面的内容传承或方法告知,就等于达成了教学目标,就等于完成了教学任务,那么,教师自然就会将主要精力放在内容传承、方法告知上面,无暇顾及实际达成教学目标的人数的多少,生生互动也就很难在这样的课堂上形成。

(2) 教师立足于已知已会的教学平台之上,采用一种居高临下的姿态,是阻碍生生互动的关键。

站在已知结果的平台上,俯视问题的解决过程以及方法,有些教师时常会忘记自己初识问题时的困难;站在远离学生的讲台前,俯视坐在座位上听课的学生,有些教师往往在有意无意间采用一种居高临下的姿态(如图2-2)。

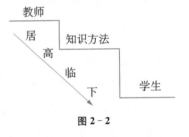

图2-2

当发现学生遇到了困难,当看见了学生的错误,当遇到了新的概念,许多教师都缺乏等待学生的耐心,习惯于将大家的注意力集中到黑板上。

> "这样简单的问题,你怎么又错了呢? 我发现又有几个同学做错了,看黑板,老师再讲一遍……"
>
> "我发现许多同学都没有找到解题方法,若过点 A 作 BC 的平行线,问题不就迎刃而解了吗?"
>
> "这个题目,老师找到了6种方法,请看屏幕……"

---

① 孙琪斌.课堂教学目标的设定[J].中学数学教学参考,2009(10).

类似的埋怨、类似的告诉,将本该出现的生生互动一次次地扼杀在摇篮中。

(3) 面向黑板集中就坐的行列式座位,容易促成"师讲生听"的心理暗示。

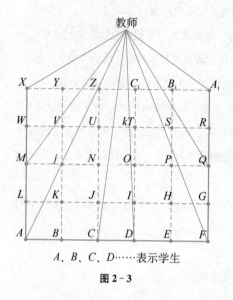

A、B、C、D……表示学生

图 2-3

下课时,学生之间本来还有一些互动发生。可是一旦听到了上课铃声,大家就会坐在各自的位置上,老老实实地等着听教师讲课……

看着学生的目光都聚焦在自己的身上,教师也时常会步入以教代学的教学模式。顷刻之间,课间的生动活泼就演变为"师讲生听"的单调场面。

教师,也俨然成了课堂的主人,开始按照自己的意愿选择参与教学交流的学生(如图 2-3)。

(4) 基于部分成绩较为优秀的学生的重复提问,压抑了生生互动的积极性。

当发现教师总是习惯于提问成绩较好的学生,当发现自己很难走进教师关注的视野,这些学生参与生生互动的积极性自然就会受到一定的压抑。

3. 课堂目中无人现象的解决策略——调整课堂结构、促进生生互动

(1) 调整教学目标定位。

在备课时,教学目标固然应该主要体现教材的基本要求;走进课堂之后,教学目标则更多地体现为一种标准。当堂达到这种标准的学生人数,才是我们应该努力追求的课时教学目标,因此,课时教学目标,应该是关于教学目标的目标。

掌握有理数的加法运算法则,只是我们开展有理数运算加法教学的一个标准,当堂能够应用有理数加法法则,熟练进行有理数加法运算的学生人数,才是真正值得我们追求的教学目标。

60％的学生当堂掌握有理数的加法运算,80％的学生当堂掌握有理数的加法运算,每一个都能够当堂掌握有理数的加法运算,这其实是三个不同的课时教学目标。

只要还有学生没有掌握有理数的加法法则,我们都不能够默认自己已经完成了教学任务。若能够带着这样的理念走进课堂,我们或许能够主动关注源于学生之间的生生互动,能够借助生生互动,发动学生教学生,从而最大限度地拓展当堂达标的学生范围。

（2）调整学生在教室内的座位。

为剪断图2-3中由教师牵制学生的思维控制线，可以尝试图2-4所示的多边形座位。

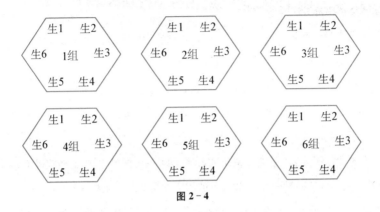

图2-4

这种座位排列可以促使教师走下讲台、走进学生、走进学生的思维空间。

当教师真正游走在各组之间的时候，图2-5所期望的平等对话才有可能形成。

（3）调整"教""学"顺序，尝试在学中教，促进生生互动。

不是每一个问题都需要教师亲自去教，不是每一个学生都需要教师的亲自辅导，最先解决问题的学习优势生身上潜伏着诸多可利用的资源。因此，建议教师放弃以传授知识方法为核心的"先教"，尝试"在学中教"。

可以先把问题抛给学生，组织学生尝试；教师巡视学生的学习情况，巡视外显于学生书写表述的思维过程，并在这个巡视的过程中，适时暗示学生；然后，分层次展示学生的学习方法；最后再结合教师的课前预设，结合学生的实际学情，展开有针对性的调整、矫正、提升。

具体流程如下：

尝试 → 巡视 → 暗示 → 展示 → 调整

只要改变现行的教师直接提问到学生个体、学生发言直接汇报给教师的点对点式的线性交流局面,尝试点对面、面对面的网状教学方式,发动学生帮学生,允许学生异步达标,那么,学生之间的差异在顷刻之间就可以化为资源。

(4) 调整教学评价方法。

也可以不改变学生在教室中的行列式座位,尝试使用以圆形合作学习圈评价为主的网状评价,取代教师直接到学生的点对点式的线性评价。

比如,以每位同学为圆心,将其周围(前后左右)的同学与其绑定成一个学习区。

只有以其圆心、半径为1内的学生合作圈都能够解决当前这个问题,我们才视为这个处于圆心的学生完成了学习任务。

当某个学生已经获得了2次发言的机会,我们就可以这样提醒:你已经获得了2次发言的机会,若还想再次表述自己的想法,你可以在你的周围寻找发言代言人……

若如此,则生生之间的互动必将在这样的圆形合作学习圈内自动生成。

案例十一:为什么课堂上普遍存在重复提问的现象?

1. 重复提问现象较为严重的部分课例

【课例 1】

表 2 - 25　一新教师在执教六年级数学一元一次方程的解法一课的课堂统计表

第 6 列	第 5 列	第 4 列	第 3 列	第 2 列	第 1 列	教室前门
1	请假	4	4	2	2	第 1 行
2	2	3	1	请假	1	第 2 行
1	2	2	2	1	1	第 3 行
1	请假	1	1	1	1	第 4 行
*	1	2	*	*	3	第 5 行
请假	2	?	1	1	请假	第 6 行

数据分析

(1) 教室内实有学生 31 人,课堂提问率为 142%;提问覆盖率为 87%,两率之间的差值为 55%。

(2) 学生(1,4)、(1,3)被教师提问 4 次。

(3) 带 * 号的学生为没有得到提问但在巡视的过程中得到了教师关注、指导的学生。

【课例 2】

表 2-26　六年级数学　课题分数的意义和性质复习

前门	第1列	第2列	第3列	第4列	第5列	第6列	第7列	第8列
第1行	4			1	4			1
第2行				2	1	5		2
第3行			4				1	4
第4行	2	1	2			3		

数据分析

(1) 这节课属于借班上课,教师不了解学生的学习情况,出现重复提问学生的情况也可以理解。

(2) 教室内实有学生 33 人,表格内的数字为教师提问该位置上学生参与课堂发言的次数。

(3) 课堂提问率约为 112%(已经走进"优"的范畴,说明教师具有较好的与学生互动的教学素养),提问覆盖面约为 45%(已经走进"良"的范畴),提问率与覆盖面出现较大差异的关键是重复提问的次数较多,假如将这些提问分散到更多的学生身上,那么无论课堂实际形成的最后效果如何,这节课都应该列入优质课的范畴。

【课例 3.六年级数学课,线段大小的比较】

教学目标

(1) 在实际问题情境中理解两点之间线段最短的意义。

(2) 利用铅笔等直观的线段模型,进行线段大小比较的实验活动,在活动中经历从直观到抽象的思维过程,掌握比较线段大小的两种方法。

(3) 会画一条线段等于已知线段。

(4) 提高学习数学的兴趣和应用数学的意识,体会数学的应用价值。

教学重点、难点

探求线段长短的比较方法,尺规法的运用。

表 2-27　师生交流数据统计表

第 8 列	第 7 列	第 6 列	第 5 列	第 4 列	第 3 列	第 2 列	第 1 列	
	4		2				3	第 1 行
	2	1	3+1		1		2	第 2 行
					1	2		第 3 行
			1+1	4	1			第 4 行
3			4			1	3	第 5 行
空位	空位	空位	空位		9			第 6 行

数据分析

（1）教室实有学生 44 人，课堂提问率为 111%，提问覆盖面为 41%。

（2）重复提问率高达 72%，其中第 6 行第 3 列的一个女生 9 次得到发言的机会，后来我发现她举手的热情越来越高涨，其周围的学生则基本上失去了发言的欲望。

2. 基于重复提问的抽样调研

像这样重复提问的课堂教学究竟有多少？为此，我们曾经抽样分析了 20 节数学课，发现，课堂上重复提问学习优势生回答问题超过 3 次(含 3 次)的数学课高达 85%。

表 2-28　课堂提问率与重复提问超过 3 次的课之间的数据统计

	提问率≤40%	40%<提问率≤80%	80%<提问率≤100%	提问率>100%
课的节数累计(节)	5	9	4	2
出现重复提问超过 3 次(含 3 次)的课(节)	3	8	4	2
重复提问的课所占的比例	60%	88.9%	100%	100%

表 2-29　习惯于重复提问学习优势生超过 3 次的课与教师教龄之间的数据统计

	教龄≤3 年	3 年<教龄≤10 年	10 年<教龄≤20 年	教龄>20 年
课的节数累计(节)	6	6	7	1
出现重复提问超过 3 次(含 3 次)的课(节)	4	5	7	1
重复提问的课所占的比例	66.7%	83.3%	100%	100%

3. 基于重复提问的归因分析

教师为什么如此喜欢重复提问某几个学生？因为教师都是为了顺利完成预设教学内容！教师内心深处所定位的教学目标也就昭然若揭：完成了备课设定的教学内容，就等于完成了教学目标！至于学生掌握的情况究竟如何？至少在这一节课上，教师没有时间过问，因为教师要忙着讲课。

只要配合课件，完整、顺利地讲完了教学任务，教师就会长长地出一口气，为自己顺利地完成了教学任务！

可是，我们的教学任务就只有完成预设的教学内容这样简单吗？讲完了教学内容就等于完成教学目标了吗？如果我们总是习惯于选择几个有利于推进教学按预设流程发展的学生参与课堂发言，我们有没有想过那些没有参与教学交流的学生的感受呢？假如你就是那个被教师重复提问 5 次或 6 次以上的同学的邻居，你会怎样想？在如此不被教师关注的课堂上，你还会有浓厚的学习兴趣吗？假如你在一周或者更长的时间内都得不到教师的提问或关注，那么你是否还会喜欢或期待这样的数学课呢?[①]

（1）不敢直面学生之间的差异，缺乏组织合作学习的技术。

站在课堂外，大家都知道合作学习的理念，走进课堂，则未必能够在需要合作学习的时候，组织学生参与合作学习。重复提问学习优势生，就是一个有力的证明。重复提问某些学习优势生，至少可以表明这样三个问题：①教师不敢直面学生之间的差异；②有效的合作学习没有发生；③蕴涵于学生之间差异方面的资源没有得到合理的应用。

---

① 孙琪斌.孙琪斌讲数学[M].北京：语文出版社，2010:65.

为了推进教学流程,教师不得不借助部分学习优势生。

(2)没有全面把握教学任务的内涵,缺乏以学生发展为本的意识。

为什么85%的课堂都出现重复提问学习优势生的现象?为此我们访谈了部分教师。

在访谈中,我们发现,有些教师习惯于提问学习优势生只是为了节约发言时间,担心提问学习困难生会耽误课堂时间,无法完成正常的教学任务。

一位刚走出大学校园的青年教师曾这样告诉我:你来听课,我提问差生,万一回答错了,我应付不了怎么办?为了保证教学任务的顺利完成,我还是多提问好学生吧。至于差生,等没有人听课的时候,再提问他们也不迟。

从表象看,回避提问学习困难学生是为了不出现课堂意外。可是若从本质上分析,回避提问学习困难学生,则是缺乏以学生发展为本的意识,没有把完成知识方法领域的"教学任务"与实际掌握知识方法的学生人数绑定在一起,全面认识教学任务。

我们是否思考过,借助重复提问学习优势生顺利地抛出了预设教学内容,就是完成了教学任务吗?真正的教学任务,应该定位在教学生学会的层面上。教学任务,就是教学生学会的任务。

在重复提问学习优势生的时候,我们是否考虑过班级内那些尚没有获得发言机会的学生的感受?他们所应该获得的发展应该体现在哪里?

"当学生发现自己不能够参与进来,或者自己已经被老师、同学排除在外,或者感觉自己即使经过努力,也无法参与进来的时候,学生往往会选择放弃努力或者直接退出当前的学习活动。"

4.解决重复提问学习优势生的若干策略

(1)放弃以传授知识方法为核心的"先教",尝试在学中教。

可以教在学生参与尝试的过程中。比如,先把问题抛给学生,组织学生尝试;教师巡视学生的学习情况,巡视外显于学生书写表述的思维过程,并在这个巡视的过程中,适时暗示学生;然后,分层次展示学生的学习方法;最后再结合教师的课前预设,结合学生的实际学势,展开有针对性地调整、矫正、提升。

(2)合理使用基于学生差异的资源,发动学生帮学生,允许异步达标。

不是每一个问题都需要教师亲自去教,不是每一个学生都需要教师的亲自辅导,最先解决问题的学习优势生身上,潜伏着诸多可利用的资源。

只要改变现行的教师直接提问到学生个体、学生发言直接汇报给教师的点对点式的线性交流局面,尝试点对面、面对面的网状教学方式,发动学生帮学生,允许学生异步达标,那么,学生之间的差异,在顷刻之间就可以化为资源。

比如,以每个学生为圆心,将其周围(前后左右)的学生与其绑定成一个学习区。只要以其为圆心的半径为 1 的学生合作圈都能够解决当前这个问题,我们才视为这个处于圆心的学生完成了学习任务。

当每一个学生都想得到教师的认可,都想走进完成学习任务的行列时,大家自然会关心帮助自己周围的学生,若如此,课堂上源于学生之间的合作学习空间,自然天成。

(3) 转变课堂教学理念,确立以人本立意为核心的教学目标体系,以当堂达成教学目标人数的多少作为课时教学目标。

掌握有理数的运算法则,只是开展有理数运算法则教学的一个标准。当堂能够应用有理数运算法则,熟练进行有理数运算的学生人数,才是真正值得我们追求的教学目标。

只要还有学生没有掌握有理数的运算法则,我们都不能够默认自己已经完成了教学任务。若能够带着这样的理念走进课堂,我们或许不会过多地关注学习优势生。

(4) 设计课堂提问统计表,检测自己的课堂提问状态;设定家常好课的评价标准,约束课堂教学中的随意教学行为。

可以设计如案例中所使用的课堂提问表,实时监控自己课堂教学交流中的提问状态。若发现某些学习优势生发言已经达到两次,可以这样告诉学生:"××同学,你已经获得了两次发言机会,你若想继续表述自己的想法,那么你只好在你周围的同学中,寻找发言代言人。"

任命这些能够解答问题的学生为当前学习任务的小组长,发动他们帮助自己周围的学生,然后借用提问其周围的学生,评价这些学习优势生的当前学习,合作学习不就在顷刻之间诞生了吗?

另外,根据在重复提问学习优势生的课堂提问调查所积累的数据,我们认为,一节好的家常课应该基本满足这样几个标准:

- 课堂提问率不低于 80%,提问覆盖率不低于 60%。
- 对同一个学习优势生的提问不得超过 3 次。
- 能够看到学习优势生与其周围同学之间的学习互助。
- 80% 以上的学生能够当堂完成教师所预设的教学任务。

假如我们能够有意识地使用这样的标准,借助课堂提问统计表实时监控、调整课堂教学交流状态,则重复提问学习优势生超过 3 次的现象或许能够得到有效的遏止。

案例十二:名优教师课堂提问的特色在哪里?

【例 1】

表 2 - 30　课题:丰庄中学邹炜华老师在执教同底数幂的乘法一课的课堂统计表

第 6 列	第 5 列	第 4 列	第 3 列	第 2 列	第 1 列	36 人
2		2	2	4	2	第 1 行
1	2	3			2	第 2 行
3	1	2	2	1	2	第 3 行
1	2	2	3	1	1	第 4 行
1	2	3	2	2	1	第 5 行
1		1	1	1	1	第 6 行

数据分析

(1) 教室共有学生 36 人,表格内的数字为该位置的学生被教师提问的次数。

(2) 课堂提问率为 158.3%,提问覆盖面为 88.9%。其中,第一轮复习期间,提问 21 人次,提问率为 58.3%;新课探索阶段(第二轮)提问 31 人次,涉及 23 人,提问率为 86.1%,覆盖面为 63.9%;小结阶段提问 7 人次,提问率为 19.4%,覆盖面为 19.4%。此数据在课堂教学交流评价领域位于优秀层次。

【例 2】

表 2 - 31　课题:正比例函数的图象,执教:孙惠娟(震川中学)

第 8 列	第 7 列	第 6 列	第 5 列	第 4 列	第 3 列	第 2 列	第 1 列	38 人
1	2	2	2	3	2	1	2	第 1 行
1	4	2	2	3	3	2	2	第 2 行
4	2	2	1	3	2	2	1	第 3 行
4	1	3	2	1	1	2	1	第 4 行
3	空位	2	2	2	1	1	空位	第 5 行

数据分析

(1) 教室共有学生 38 人，课堂提问率高达 197%，提问覆盖面为 100%。

(2) 在上课第 36 分钟时，学生(5,6)与学生(4,2)还没有得到单独参与发言的机会，就在这个时刻，孙老师使用了课题组提倡的课尾提问方式"还没有发言的同学请举手"，进而生成了提问覆盖面为 100% 的课堂。有这样的课堂，又何愁教学质量得不到稳定提升？

(3) 课后与孙老师交流时，我曾这样评价：这节课你讲得也不少，但你的讲让我喜欢听。整堂课上，学生都在自觉、主动地听，因为他们知道教师一定会提问到他。

【例3】

教学目标

(1) 知道完全平方公式的特点（当堂达标率为 100%）；

(2) 理解完全平方公式的特点（当堂达标率不低于 94%）；

(3) 掌握运用完全平方公式分解因式的基本方法（当堂达标率不低于 90%）。

表 2-32 丰庄中学祝江涛老师在执教数学完全平方公式一课的课堂统计表

第 6 列	第 5 列	第 4 列	第 3 列	第 2 列	第 1 列	36 人
2	⤶	1		⤶	⤶	第 1 行
1	1↑	1☆				第 2 行
⤶1	1	1☆		2↑☆		第 3 行
1↑☆	1↑	1			1↑	第 4 行
1↑	1↑☆	1	1↑	1☆	⤶1	第 5 行
				1		第 6 行

数据分析

(1) 这是丰庄中学组织的校级教学评优课，这堂课的提问率不是很高（64%），提问覆盖面为 56%，但没有出现重复 3 次提问同一个学生的现象。

(2) 真正令我惊喜的是，发生在这节课上的生生互动、生师互动。图中的符号 ↑ 表示走上黑板给同学们讲课，☆ 表示发言很精彩（事实上，学生的发言基本上可以体现教师平时教学的基本功），箭头表示学生之间主动发生的互动。

(3) 教师能够立足完全平方公式的特征展开教学，立意好、效果好。课堂上给学生留下了足够的自主思考的空间,各个学习小组长能主动离开座位批改本组同学的课堂练习,生生有交流、交流有成效。

(4) 较好地完成了预设的教学目标,课后,我随机抽查 3 位同学,发现皆已学会。

(5) 下课铃声响起时,完成了教学小结,从容下课(没有出现预设过度的局面)。

因为教师已经有用定量描述的教学目标管理课堂的意识,所以这节课才可以生成师生互动、生生互动的良好学习局面。

【例4】

表 2-33　丰庄中学邹炜华执教二次函数 $y=(x+m)^2+k$ 的图象一课的课堂统计表

22人	第5列	第4列	第3列	第2列	第1列	36人
第1行	2	3	2	3	3	第1行
第2行	1	3	2	2	1	第2行
第3行	2	1	1	3	1	第3行
第4行	1	2	1	1	★3	第4行
第5行	空位	空位	★1	?	空位	第5行

数据分析

教室共有学生 22 人,表格内的数字为该位置的学生被教师提问的次数,箭头表示学生与学生之间主动进行的学习互动,"★"表示教师重点辅导的学生。

【例5】

表 2-34　课题:二次函数 $y=a(x+m)^2+k$ 的图象　地点:丰庄中学,执教:邹烨

第5列	第4列	第3列	第2列	第1列	23人
3	2	2	2	1	第1行
	2	2	2	2	第2行
2	2	1	1	2	第3行
1	1	1	1	★3	第4行
空位	1	1	2	空位	第5行

数据分析

教室共有学生 23 人,表格内的数字为该位置的学生被教师提问的次数,箭头表示学生与学生之间主动进行的学习互动,"★"表示教师重点辅导的学生。

我们再来看一看上海市嘉定区丰庄中学姚梅华老师、邹炜华的家常课(这两位老师知道我去丰庄中学听课,但不知道我会具体去听哪位老师的课,因此这样的课也就可以视为家常课。毕竟我很难听到真正的家常课,除非我突然走进某校、某班,可是这样偶尔一次可以,若经常这样就有不信任老师的嫌疑了!况且即使我推门听课,所看到的课也未必就是真正的家常课,因为有些老师还是会考虑到后面有人听课的因素,而改变课堂教学的活动形式)。

【例6】

表 2-35　丰庄中学姚梅华在执教九年级数学相似三角形的性质一课的课堂统计表

第 6 列	第 5 列	第 4 列	第 3 列	第 2 列	第 1 列	前门
1	1	2	1	3	1	第 1 行
1	2	1	1	2	1	第 2 行
3	2	1	2	1	1	第 3 行
			1	1		1	第 4 行
1	2	1			2	第 5 行
1	空	空	空	空	空	第 6 行

数据分析

(1) 教室共有学生 31 人,表格内的数字为该位置的学生被教师提问的次数。

(2) 课堂提问率为 126%,提问覆盖面为 90.3%,此数据在课堂教学交流评价领域位于优秀层次。

(3) 课后抽查发现,课堂上被忽视的三位学生也已经掌握了教学目标。

案例十三:课堂提问统计表的变式应用与待研究的科研价值

1. 课堂提问统计表的变式应用

从表面上看,课堂提问统计表只是简单统计课堂上真实发生的提问情况,仿佛没有多少教研、科研价值,其实不然,比如,可以使用课堂提问统计表定量研究课堂教学理念,设计表格研究课堂教学细节。

比如,在一节习题课上,我曾设计了如表 2-37 所示的表格,观测研究 5 位同学的学习过程。

教学目标

会求二次函数的解析式,当堂达标率在 90% 以上。

教学目标样题

(5 分钟之内自主完成)已知一个二次函数的图象经过 $A(0,1)$、$B(2,3)$、$C\left(-1,-\dfrac{3}{2}\right)$

三点。

(1) 求这个二次函数的解析式;

(2) 指出所求函数图象的顶点坐标和对称轴,并画出其大致图象。

表 2-36　重点观察的 5 位同学的解题状态

	学生 1	学生 2	学生 3	学生 4	学生 5
第 1 次提交的解答正确情况	×	×	×	×	×
第 2 次提交的解答正确情况	×	×	×	×	×
第 3 次提交的解答正确情况	×	×	×	√	√
第 4 次提交的解答正确情况	×	√	√		
第 5 次提交的解答正确情况	√				

数据分析

学生 1 在发现第 5 次提交的解答正确之后,长长地出了一口气,并颇有成就感地告诉周围同学:我终于做对了! 学生 2、学生 3 在第 3 次提交解答时,已经明显地带一种紧张、期待的神情;学生 4、学生 5 在第 3 次提交解答获得了正确的评价时,脸上均有获得成功的惊喜。

为了历练学生的计算能力,为了真正完成 90% 以上的学生会求二次函数的解析式的教学目标,我又安排这 5 位同学解答下面的巩固练习题。

巩固练习题

(3 分钟之内自主完成)二次函数的图象经过三点 $A(1,0)$、$B(2,0)$、$C(3,4)$。

(1) 求二次函数的函数解析式;

（2）求二次函数图象的顶点坐标。

表2-37　重点观察的5位同学解答巩固练习题的解题状态

	学生1	学生2	学生3	学生4	学生5
第1次提交的解答正确情况	×	×	×	×	√
第2次提交的解答正确情况	×	×	√	×	
第3次提交的解答正确情况	×	√		√	
第4次提交的解答正确情况	√				

强化训练题：如图2-6，在平面直角坐标系中，

二次函数 $y = ax^2 + bx + c$ 的图象经过点 $A(3,0)$、$B(2,3)$、$C(0,3)$。

（1）求这个二次函数的解析式；

（2）联结 AB、AC、BC，求△ABC 的面积。

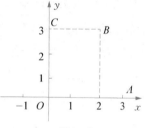

图2-6

表2-38　重点观察的5位同学解答强化练习题的解题状态

	学生1	学生2	学生3	学生4	学生5
第1次提交的解答正确情况	×	√	√	√	√
第2次提交的解答正确情况	√				

数据分析

解答强化练习题获得成功后，5位同学的脸上皆呈现出喜悦的神态。

假如不是带着"会求二次函数的解析式，当堂达标率在90%以上"这样的目标管理课堂，那么我们绝对不会如此执着地关注学生的达标状态；假如不是如此执着地关注学生正确求解二次函数解析式的能力，那么这5位同学也不会体验成功解答之后的愉悦与轻松，而学生在达标的过程中或者发现自己已经达标的瞬间所激发的成就感，在某种意义上就是促进学生发展的源泉。

2. 课堂提问统计表的科研价值

限于时间、篇幅，前面我们只重点研究了课堂提问次数统计表，事实上，我们还可以运用课

堂提问模式统计表(表2-39)、课堂提问类型统计表(表2-40)、课堂提问及回应方式的有效性统计表(表2-41),研究课堂提问的质量,研究转变课堂教学方式的模式,调查不同年龄段的教师的专业素养,设计不同年龄段教师的专业发展方向。

　　其中,表2-39、表2-40、表2-41均可以单独立项开展小课题研究。

表2-39　课堂提问模式统计表

学科:_____　班级:____年级____班　课题:_____
执教教师教龄:_____　职称:_____

课堂提问模式	提问次数	优质问题及回答速记
模式 A:教师提问、学生共同回答		
模式 B:教师提问,指定学生回答		
模式 C:教师提问,学生自由抢答		
模式 D:教师提问、学习小组抢答		
模式 E:学生提问,教师即时回答		
模式 F:学生提问,教师指定学生回答		
模式 G:学生提问,学生指定学生回答		

表2-40　课堂提问类型统计表

学科:_____　班级:____年级____班　课题:_____
执教教师教龄:_____职称_____

序号	提问问题及回答速记	识记水平	理解水平	探究水平

表 2 - 41　课堂提问及回应方式的有效性统计表

学科：_____　　班级：____年级____班　课题：_____
执教教师教龄：_____职称_____

序号	忽略或回避型回应	倾听且有评价的回应	追问或延展生成性回应	其他

第三章

3 深入的行动研究让提问
品质渐进提高

第一节 以课例为载体的行动研究报告

　　课堂教学提问在课堂教学目标的达成方面往往起到举足轻重的作用。在促进课堂生成和加强过程体验的课程理念指导下,没有问题设计和实施的课堂要实现教学目标的达成是很难以想象的。在当前英语教学过程中,课堂提问还存在着诸多值得改进的问题,诸如所问的问题与课堂主题关联性差,问题是突如其来;针对问题的问法有失妥当,以至答非所问或事与愿违;问题本身缺乏挑战性,学习处于原地踏步,等等。

　　本文采用行动研究方法,深入课堂教学的过程之中,针对课堂教学提问存在的问题进行了持续的改进,最终得出了有益的经验与启示。

一、第一次课试教

　　人教版义务教育课程标准实验教科书 Go For It 八年级下册 Unit 8 Section A "I'll help clean up the city parks"。执教老师设计了 7 个环节:(1)以手势引导学生猜测表示的含义;(2)接触课本"做志愿者"内容,并引导学生设想更多的途径;(3)听录音,完成句子;(4)联系生活现实引出真实问题,继续探讨如何做好志愿者工作;(5)听录音,核对答案;(6)设计一个在校内或社区里做志愿者的方案;(7)选择一份志愿者工作,做一个发动招贴。

　　本次课教师注意到了课堂提问的运用,据统计,整个一堂课设计问题 42 个,其中也有引发的课堂生成出现。例:教师针对受伤女孩痛苦表情的照片提问道:"What can we do to help her?"引

发学生回答如下:

"I'll give her some money."

"I'll give her some food."

"I'll give her some clothes."

"I'll talk with her and cheer her up."

"I'll help her to go to school."

教师注意到了把现实中发生的真实事件灵活运用到课堂,成为问题设计的来源。例如,教师以刚刚发生不久的杭州地铁隧道坍塌事故为例,提问学生:"How can we help the people in trouble?"

(一) 课堂观察发现的问题

课堂提问引发学生的思考与生成不足,气氛趋于沉闷;教学内容比较庞杂,环节之间关联性欠缺,整堂课显得松散;课堂师生互动面较小,学生表现机会异常不合理。

(二) 原因的诊断与分析

1. 教师在提出问题时缺乏必要的铺垫,问题本身显得生硬。

例:教师做出手势:大拇指、食指和中指三根指头揉搓,直接提问:"What does it mean?"没有学生知道是"No problem"。同样教师用食指指到自己前,再伸直大拇指而不断弯曲其他四指做扇风状,然后拍手,最后用食指指向学生,接着直接提问:"What does it mean?"问几个学生都不知道是"I can help you"。

2. 教师面对一个本身可以引发想象的情景,人为地回避挑战而采用简单化的选择性提问方式,从而丧失生成机会。

例:当教师呈现一张鼻孔插着氧气管的女孩子的照片时,教师只是对着照片提问学生:"Is the girl happy or sad?"同样当教师提问:"What makes her so sad?"一个学生回答:"Because of the earthquake. "教师停止继续征集答案,马上肯定学生的回答非常正确。

3. 教师面对学生的回答,难得有几次新的问题的追加,其质量本身并不高。

例:在面对带着痛苦表情的小女孩的照片时,教师提问:"What could do to help her?"一个学生回答:"I'll give her some money. "教师于是追问:"How much money?"学生回答:"14 yuan. "在这里引发的学生捐钱数额的生成,意义甚微。

4. 教师设计问题时没有从学生实际出发,完全以教师的理解来期待学生的回答,效果不佳。

例:教师在设计猜测游戏时,分别列举了周杰伦、马云、比尔·盖茨、清洁工四个人物。让学生猜测这四个人物分别能够为刚刚发生不久的杭州地铁隧道坍陷做什么。教师本来期望学生回答周杰伦唱歌让受伤者快乐、马云利用互联网让更多人帮助受伤者、比尔·盖茨捐钱、清洁工清理事故现场。结果学生对前三者都是猜测的捐钱。

5. 教师提问存在随便问的现象,致使学生的反馈显得多余。

例:在两次检查学生听听力材料完成填空作业时,都提问道:"How many students are right?"但是针对学生的举手情况,教师没有进行仔细观察,几乎问完就开始下一项的内容。

6. 教师在提出的问题得不到学生回答的情况下,先后 5 次点同一学生回答以打破冷场的尴尬。

7. 教师的教学拘泥于教材本身的编排,还停留在"教教材"的阶段,没有从话题"志愿服务"的角度来渐进展开。

例:当教师用手势艰难引出"志愿者服务"的话题之后,接触课文谈起出外清理公园的事情,并设想还可以做其他什么事情,接下来就是听课本上四段对话的录音并完成句子,其间衔接显得生硬。随后在引入杭州地铁隧道坍塌事件之后,又是听课本另外六句的录音,并完成句子的填写。因为每一个句子里都涉及新词组,以至于播放了四遍之后还有学生没有填写完全。教材内容的处理与现行话题的持续之间的衔接与铺垫没有做好。

(三) 建议改进

1. 以话题为中心展开教学,突出主题性。本次课的主题是"做志愿者"(volunteering),因此在课堂教学的各个环节要反映和突出这个主题,即坚持主题教学。

2. 以问题为主线驱动课堂,加强连贯性。本次课堂上所提问题比较琐碎,使得教学环节之间过度生硬和关联性不够,因此要加强问题的环环相扣,即紧紧围绕有关 Volunteering 渐进展开 what，why，以及 how 引导的问题。

3. 以问题为手段引发思考,加大生成性。本次课堂上很多生成的机会皆因教师不恰当的处理方式使得生成机会错过。所以要改进提问方式,积极回应学生生成。

二、第二次课改进

（一）课堂上发现的积极变化

1. 整堂课"志愿服务"的主题突出,问题引导下的教学环节清晰,环环相扣。

例:本次课设计了 6 个教学环节,即①音画导入,问题跟进。呈现歌曲《感恩的心》和一系列志愿者服务的图片,并提问"What can you see?"②小组活动,问题讨论。小组讨论"What do you think of the volunteer work in the video?" "Why is it important?"③听力引入,问题拓展。提出 "Let's see what other people think of it" "In what other way can we do it better?"④小组活动,问题继续。"If you've a chance to be a volunteer, what will you do?"⑤音乐渲染,升华主题。播放歌曲《爱的奉献》呈现主题句子。⑥教学反馈,问题检查。目标词汇和志愿服务的心愿与计划的表达。

2. 学生情感体验的机会比较充分,志愿服务的愿望表现积极。

例:教师在课堂的首尾两部分都采用了相关主题的歌曲进行渲染和烘托,让学生充分体验献出爱心、助人为乐、服务社会的情感主题。学生们在即兴的作业单写道:"I want to be a teacher for poor children, because everyone has a right to get education." "I want to a tour guide for foreign friends, because China has changed a lot and there are more and more foreign visitors." "I want to help old people at Old People's Home, because it's getting colder and colder."

3. 教师通过环环相扣的问题链引发了多处集中的课堂生成。

例 1: 对于问题"What do you think of the volunteer work?"引发学生诸多见解:

"It's very interesting, but tiring."

"It's educational. "

"It's dangerous sometimes. "

"It's helpful and can make people happy. "

……

例 2：对于问题"If you have a chance to be a volunteer，what would you do?"引发学生回答如下：

"I want to be a superman and let the sick children fly in the sky and make them happy. "

"I want to be a spiderman and give the poor kids sweets. " "Mrs Wang，what will you do?"

(二) 课堂上表现出的不足

1. 课堂上教师充分发挥了预设问题的作用,但对于学生回答追问得不够,因此失去了诸多潜在信息的生成。

例：教师播放歌曲《感恩的心》之后提问："What's the name of the song?"一个学生回答"感恩的心"。教师追问："Can you say it in English?"学生回答"No",问其他学生也没有人知道。教师没有转而直接告诉,其实歌名是什么远没有其内容主题重要,所以如果改问"What does it tell us to do?"则会让学生有话可说。

例：针对学生天马行空式的"superman"和"spiderman"的想象,本可以利用追问把学生拉回到现实中做切实可行的行动表达,如"If you cannot be a superman or spiderman，what will you do then?"

2. 课堂上目标词汇的学习主要以汉语注释或直接告诉的方式告知学生,学生的运用水平远低于认知水平。在当堂课 6 个目标词汇的检测中,写出汉语解释和选择填空的作业中,全对的有20 人;但运用目标词汇完整造句的只有 1 人,完整造出 3 个句子的 2 人。

（三）建议进一步的改进

1. 扩大问题在教学全过程中的渗透性。不仅在主题理解和情感体验方面表现突出，同时在目标词汇的掌握方面也发挥积极的促进作用。

2. 增强问题在教学真情景中的灵活性。不仅充分运用预设的问题，同时加强追问的力度。

3. 突破师生问答式的互动模式，构建生生问题互动的新格局。

三、第三次课再改进

（一）课堂上发现的积极变化

1. 教师注意让学生自己生成新问题，并展开对话互动。

例：

生1：If you have a chance to be a volunteer, what will you do?

生2：I want to help old people.

生1：Good idea! How will you help them?

生2：I will give them some food?

生1：But how can you have food?

生2：I will ask for my mother.

2. 教师运用问题检查的方式，让提问到和暂时没有提问到的学生都参与到学习的过程之中。

例：教师在学生做配对对话的环节，每对学生对话结束后，教师都注意随机点其他的同学复述刚才的主要内容。

3. 教师以问题解决为真实任务，用英语字母歌的曲调进行了目标词汇的串词练习，有效地促进了目标词汇认知运用水平的提高。教师设计的串词练习歌曲如下：

Volunteer，volunteer，volunteer form today

Clean up rivers and streets

Cheer up the old and sick

Set up a food bank

Hand out food and homes

If you want more people to join it

Put up signs on the wall

在当堂课 8 个目标词汇的检测中,有 3 名学生全对,另外有 3 名学生对 5 个。其中不少英语解释具有创造性。如,hunger：have no food to eat；put off：do something in a later time。

(二) 课堂上尚存在的不足

1. 系列问题的设计逻辑连贯性不够,环节过度显得流畅性欠缺。例:①教师在呈现志愿服务的图片之后提问学生"看到了哪些活动";②随后进行问题拓展:"除此之外,你认为还有其他什么方式可以帮助别人";③接着深化问题:"你怎么看待志愿者活动?"接下来进入;④引入听力,接触文本。而听力材料中的 4 句内容讲的是不同的四种志愿服务活动。

例:在环节①②,目标词汇集中出现。教师主要用询问的方式看学生是否知道其意思,并用英语解释给学生以帮助学生记忆。在最后一个环节⑨,教师设计了一个针对目标词汇以节奏进行串联的活动,并以"What's your rhyme?"提问学生以检查创作情况。

2. 教师利用问题引导学生的力度还不够大,特别是以追问的方式挖掘生成的效果还显著。例:教师在提出问题"What do you think of volunteer work?"之后,没有等学生回答,教师直接自问自答式地说出了"interesting" "important"等看法。另外,尽管尝试了学生相互问答的问题处理模式,但是老师就每对学生的回答向全班追加的问题都停留在重复刚才听到的内容本身,教师本可以自己或让其他同学追问被点名互动的学生,或提出建议,但没有实践,以至于生成机会放弃。

四、研究形成的结论与观点

基于研究专题"提升课堂提问的品质"的目标定位,三位不同的教师针对同一教学内容进行了"接力棒"式(试教课→改进课→再改进课)的教学实践与研讨,研究小组得出以下方面的结论与观点:

（一）有效的课堂教学提问判别的四个标准

1. 引发有意义的内容生成。如果教师的提问只是换来学生不假思索、异口同声的回答,这样的提问其有效性肯定值得怀疑。

2. 实践挑战性的思维训练。教师的提问应当起到启发学生思考的作用,让学生经历思维挑战的过程。

3. 驱动持续性的学习过程。教师的课堂如果以问题为引导,环环相扣,循序渐进地实现了课堂教学的目标,这样的课堂注定精彩。

4. 实现预设性的教学目标。实现当堂课的教学目标是检验一切教学手段是否有效的重要标准,没有促进教学目标达成的任何策略与方法,其有效性都注定是有这样或那样的缺陷和不足。

（二）有效的课堂教学提问要加强的三个环节

以学生的学习起点为出发点,加强新旧知识之间的联系;以学生最近发展区为参照系,促进知识学习的拓展升华;以课堂的真实情景为反光镜,调整原有问题的内容形式。

（三）有效的课堂教学提问要坚持五个原则

1. 以教学内容的深化为目的设计问题。问题的设计主要是以促进学生对学习内容更深入的理解,尽可能设计一些有意义的和具有一定挑战性的问题。

2. 以教学目标的达成为标准筛选问题。能够促进教学内容向纵深方向发展问题可能会有很多,但最终要以能够有助于当堂课教学目标才能真正起作用。所以,即便是富有挑战性的问题也需要过经过筛选。

3. 以相关知识的联系为桥梁铺垫问题。课堂教学问题的设计有时出于顺利引出新知识的目的,也往往需要设计一些已知旧知识的回顾。所以尽管其挑战性可能不够,但是也有不可或缺的作用。

4. 以课堂生成的促进为目的完善问题。任何课前教学问题的设计都要接受课堂真实情景的检验,要合乎情景地进行适切性的完善。

5. 以全体学生的参与为保证提出问题。课堂教学问题的设计和实施一定要面向全体学生,以促进每一位学生的发展为最高宗旨。

第二节　以提问为专题的课堂教学实录

一、第一次课试教

I'll help clean up the city parks. Period I

Geng Yan（Tangqi No. 2 Middle School）

T：Good morning，class.

Ss：（Stand up）Good morning，teacher.

T：Ok. Sit down，please. Thank you.（The students sit down.）Ok. Now. Before I give you the lesson，I want to introduce myself. You know，my name is Geng Yan. Ok? I'm from Tangqi No. 2 Middle School. Ok. Welcome to Tangqi. Now，before we have this lesson ...（Point to the screen which shows：Guessing Game. Sign language（手语））That's a guessing game. Ok. That's a guessing game. I want you to guess some. You know sign language. It's a kind of language. That's a kind of people who can't speak. Yeah. Communicate with it. Ok? So，you can guess. I will start. You can guess what does it mean. Are you clear?

Ss：Yes.

T：Ok. Thank you. Now. The first one. Don't be nervous. Now. It's very easy.（Show her thumb.）What does it mean?

Ss：Good.

T: Ok. You are very good. Ok. So No. 2.

(Show three fingers twisting)

Ss: Money.

T: Money? Are you sure? Money? I ask money? How much money? Count money? No. No money. Who can guess? What does it mean? This girl please. (Point to a girl) Can you guess?

S1: Money.

T: Money? Ok. Sit down please. Ok. Now, I'll tell you. Here means no problem. Ok. The last one. Now. Look at me carefully. (Make a gesture) Can you guess what does it mean? It is about volunteering. Ok. I will show it again. (Make the gesture again.) Who can guess? What does it mean? Who can guess? It is about volunteer meaning. Um, what about this girl, please?

(Point to another girl)

S2: A reporter.

T: A reporter? No. I'll show it again.

(Show the gesture for the 3rd time.) What does it mean? Oh. This girl please.

S3: I can help you.

T: Thank you! Good. Oh. Good!

(The teacher claps her hands and then the students do so, too.) Ok. Here means I can help you. Would you like to follow me?

Ss: Yes.

T: Ok. I can help you. (Make the gesture while saying the words. The Ss follow the gesture) Ok. Thank you! You are so cleaver. Ok. Now we know the sign language is very popular and important for volunteers. Do you know what is "volunteer"?

T: Do you know? What is "volunteer"? OK. You know, what is "volunteer"? Look at the picture. What can you see in the picture? （重复）It's the symbol of volunteer. Look at the symbol. What can you see? What can you see in the picture?

S: Hand

T: er I can see a hand.

S：Heart.

T：And the heart. Look at the symbol. It's the symbol of volunteer. I can see your hand and the heart. OK，do you know? What does it mean?（重复）Do you know? It means I'll try my heart to help you.

S：Help you.（与老师同时）

T：OK. You're very good. OK. Now if you do it，you're a volunteer. Follow me，volunteer(两边)

S：Volunteer(两边).

T：OK. Now if you are a volunteer，it means to offer help. Yes or no?

S：Yes.

T：now，A girl needs our help. OK. Te girl needs our help. So I will ask you. Is the girl happy or sad(重复)Who can?

S；Sad.

T：I will ask you what makes her sad?（重复）Who can?

S：Because of the earthquake.

T：Because of the earthquake. The girl is very sad. What could we do to help her? The girl is very sad.

T：What could we do to help her? The girls is very sorry, the girl needs our help. What could we do? OK! I'll ask you, the boy, please? Would you like to help her?

S1：I will give her money.

T：You can er, you can give a little money to the girl. OK! How much money do you want to give? How much money?

S1：Er，14 yuan.

T：14 yuan. OK! Good boy. OK! So what about you?

S2：Give her some food.

T：OK. You can give away some food to the girl. Thank you. OK，good! You're so kind. What about you?

S3：I can give her some books.

T：I can give her some books to her. Thank you，good boy. (示意下一个学生，拍女生肩)Good!

S4：Help her to go to school.

T：You can?

S4：I will help her to go to school.

T：I will help her to go to school. OK! Thank you! So，boy，please!

S5：Talk with her.

T：You can talk with her. You can talk with her to cheer her up. OK! Thank you! Good! What about you，boy?

S6：I will . . . I will give her some clothes.

T：I will give her some clothes. OK! Thank you! OK! Now，we also know more ideas. Now because of the earthquake，maybe the girl is homeless. Do you know what is homeless?

Ss：Yes.

T：Homeless means no home，no families. OK. Now，OK，follow me. Homeless.

S：Homeless.

T：Homeless.

S：Homeless.

T：Are you homeless?

S：No.

T：No. (与学生一起回答) Yes，so we are very happy. The girl is very sad. OK. Now. Just now some students came up so many good ideas to help her. Now. Maybe this way is also OK. We could cheer her up by singing songs.

T：we could help cheer her up by singing a song.

What is cheer up? cheer up means make somebody happy. (teacher and students answer)

T：Oh，you are so clever. We could cheer her up. We could cheer her up by singing song. We could help her with schoolwork. We could help clean up Sichuan province. . . . Also if you have a lot of money. You could set up set up means start. and also means establish. we can set up a foundation. A kind of organization with a lot of money. This foundation call up a lot of people to join it. Yes，OK. Read after me (read phrases.) e. g cheer up set up，foundation， call up. OK，stop. (show ppt). So in our city life, so many people need our help. So I will ask you what other ways you could help them. (repeat it.) we can work in group. You can ask and answer like this. (point to the ppt). I give you one minute. OK? You can work in pairs. Look at ppt. (students work in pairs.) OK, do it. (the teacher explain around the class.) OK, time is over. (The teacher ask students of six groups to practice it. We can't hear students' report.)

　　Group 1. ...

T：Oh，thank you.

Group 3：What could do for help in the hospital? I'd like to give them flowers.

T：Good boy. Thank you.

Every one need our help. Now we know a lot of people need our help. So we listen to four conversations

12′00″　T：Turn to P60. OK, open your books, turn to P 60. Turn to P 60.

（学生们翻书，打开下一张幻灯片）

12′23″　放录音（教师一直看电脑屏幕；学生生埋头做听力题）

13′12″　第一遍录音完成

T：（面向全体学生）So，are you ready? Do you want to listen again?

13′16″　Ss：Yes. 7T：OK，one more time.

13′24″　（T 教师看电脑，放录音；学生做听力题）

14′12″　第二边录音结束

14′14″　T：So ...

14′21″　教展示幻灯片，走到1—2组、第2排

14′29″　T：OK，No. one. Who is ready to? （教师指令第 2 组第 2 排女生）Now, this girl, please.

14′37″　S: I'd like to work outside. You could help clean up the city parks. （教师一直在该女生身边）

14′42″　T：OK, yes or no?

Ss（个别学生齐答）：Yes.

T：OK，good. Now，No. one，how many students are right?

（多数学生举手）

14′51″　T：OK，good. OK. So，who know? No. two.（教师走到1—2组中间最后排）

14′57″　T：OK. This boy，please. No. two.

S：I'd like to help homeless people. You could give out food at the food bank.（学生自己坐下）

T：（追问）Mmm，give out food. OK. But what is "give out food"?

15′9″　（该男生再站起来）

T：Do you know what is "give out food"?

S：Hand out food.

15′13″　T：Yes，"give out food" means "hand out food". OK.

15′15″　T：（边上的男生）So，No. three. This boy.

15′22″　S：I'd like to cheer. . . .

15′25″　T：I'd like to cheer . . .（学生看教师）

T：Mmm，OK I'd like to cheer what?

S：up

T：Um，OK. I'd like to cheer up.

15′34″　S：I'd like to cheer up sick kids. You could help them in the hospital.

15′37″　T：You could help them in the hospital. Yes.

15′43″　（指令之前回答过的男生）T：OK，yeah. You could help them in the hospital?

15′45″　S：You could visit them in the hospital.

15′46″　T：Um. Thank you，good. OK. You could visit them in the hospital.

15′50″　T：OK No. three，how many are right?

15′53″　（教师举手，左右环顾）（少数学生举手）

16：00－20：59

S：I'd like to help kids with their schoolwork. You could volunteer in an after-school study program.

T：OK，thank you，you are very good，so how many of you are right?

S: Hands up.

T: OK，good，OK，now let's read together，OK，I'd like to work outside. One two start.

S: I'd like to work outside. You could help clean up the city parks. I'd like to help homeless people. You could give out food at the food bank. 3. I'd like to cheer up sick kids. You could visit them in the hospital. 4. I'd like to help kids with their schoolwork. You could volunteer in an after-school study program.

T+s: Study program.

T: Ok, very good. OK, So do you know several days ago a big accident happened in Hangzhou. Yes or no? Yes. What is it? Do you what is it? Do you what is it? Hangzhou subway tunnel collapse yes or no?

S: Yes

T: Yes, OK, we also remember now that maybe 17 people died, right? So I think it is so terrible. Right? I think it is so terrible. Ok, now . . . , OK now four persons, four persons want to offer help for this accident? Now you can choose one of them what he or she offer help to the accident. Are you clear? Yes. Which person want to give help? OK, now look, you can choose one of them. Yeah, you can choose one of them. And then what could he do to give help, what could he do to give help? OK? Now, who's volunteers? Oh, no I'll call your name. The girl please? Which one would you like to choose?

S: Three.

T: Number three，OK. Number three.

T: Yeah, number three is a cleaner. OK，can you guess? What could he do to give help for the accident? Can you guess?

T: Cleaner could . . .

S: . . .

T: OK. Thank you, sit down, so neighbor, what about you? What about you? What could cleaner do to give help for this accident?

S: Cleaner could help . . .

T: OK. Cleaner could help clean up . . . Cleaner could help clean up the subway tunnel. Right?

OK, thank you sit down please, OK, so who's volunteer? So this girl please. Which one do you like to choose? Number two? OK? Who can? Number two? Who? Do you know him? Yeah, Jack Ma, Jack, Ma, What could Jack Ma do to give the help for this accident? Yeah, What could Jack Ma do to give the help for this accident? Is that ... Ok sit down please. Think over. Who can ... I will ask the boy. So this boy, what about you?

S: I think he can give lots of money for the people.

T: OK, I think Jack Ma will give away a lot of money. OK, now, How much money? Can you guess? How much money?

S: I guess about a million.

T: Oh, I hope you were Jack Ma. OK, very good. He can give a lot of money. So what about others, what about others, this girl please.

T: This girl, please. Oh, I'm sorry. That boy, please.

S1: No. 1.

T: Oh, No. 1. No. 1 is Jay Chou. What could Jay Chou do for this accident?

S1: He can sing some songs for the ...

T: He could sing some beautiful songs to cheer up the people. Right? Ok. Good. Sit down please. Oh, that boy, do you like Jay Chou?

S1: Yes.

T: Hmm. Ok. Thank you. I like him, too. I am a fun of him.

T: (点击最后一张幻灯片)Ok. Look at the last one. Who is he?

Ss: Bill Gates.

T: Yes. What could Bill Gates do for this accident? Now, this girl, please.

S2: He could give money to the people in this accident.

T: I also think so. Maybe. As we know, Bill Gates is very rich? Yes or no? He can set up a foundation to help the people in this accident. Yeah! Oh. Very good. Thank you. Ok. You are so kind.

T: Ok, just now we came up with so many ideas. Ok, you are so clever. You have come up with more ideas to help the people in this accident.

T: Ok, now. We want to do the project. We can't put off doing it now. What ways can you think up to encourage more people to take park in the activity?

T: For example. We can advertise on TV. Ok. Do you know advertise?

Ss: (齐答) Yes.

T: Ok, any volunteers? You can think about it. We can advertise it on TV to encourage more people. So what can we do to call up more people to take part in?

（教师稍微等了一会）

T: This girl, please.

S3: We can advertise in the magazine.

T: Ok. We can. ... Advertise in the magazine. Ok. Good. Sit down, please. What about you?

S4: In the newspaper.

T: Hmm. We can advertise in the newspaper. Good. Thank you. Ok. What about this boy?

S5: We can advertise on the Internet.

T: Hmm. On the Internet. Good. We know you like Internet. That boy please. What about you?

S6: (学生回答不出来)

T: We can advertise on TV, in the magazine, in the newspaper and on the Internet. Could we make a telephone call to my friends? Yes? Yes? I think so. Ok. Thank you. Sit down, please.

T: Ok. Look at other ideas. What can we do to call more people to do that?

T: For example, No. 1 is advertisement on TV. Right? OK? No. 2... You know what is No. 2? Yes. Put up signs. OK. You know put up signs? (teacher show the activity about putting up signs on the Bb) Yes, here put up signs. What about No. 3?

Ss: Call ...

T: Call sb. up. OK. Call sb. up. So, what about No. 4? Like a student says, advertisement in the newspaper. How about next one?

Ss: ...

T: You know what is it? (teacher point to the picture)

Ss: ...

T: It's a poster. Maybe right? OK? We can hand out advertisement or poster. Right? OK. We can hand out advertisement or poster. OK. Maybe it's a new word. Follow me. Advertisement.

Ss: Advertisement.

T: Advertisement. (Point to the picture)

Ss: Advertisement.

T: Advertisement on TV.

Ss: Advertisement on TV.

T: Put up signs.

Ss: Put up signs.

T: Call up others.

Ss: Call up others.

T: Advertisement in the newspaper.

Ss: Advertisement in the newspaper.

T: Hand out advertisement.

Ss: Hand out advertisement.

T: Advertisement.

Ss: Advertisement.

T: OK. Now, we'll listen. Open your book again, turn to Page61. OK. Listen and check. Listen and check what are students going to do.

...(silent)

Ss listen to the tape, some are doing the exercise, some are not.

Teacher look at the screen of the computer.

Play the recorder

T: So, are you OK? How many students know the answer? OK, now listen again.

Play the recorder again. (教师在下面巡视)

T: Ok, Are you OK. (指向一个女生)What about this girl? What about your answer?

T: Which one? A B C or what's other?

S：B?

T：B, yes, oh, B, B is put up... Ok, sit down, please. Now what about others? Oh this girl please.

S：A

T：A, ok, B, thank you.

No. 1 ok ... on TV A, B ok Call ... Thank you. How many are right? oh, ok, ok now we'll listen it again. good, listen the details

教师播放录音

T：(Listen and let the students check the things students are going to do)OK. I think you are ready. OK? Let's talk about number2 OK?

S1：We can't ...

T：We can't what? OK, sit down. What about you?

S2：We can't put off making a plan.

T：(Repeat the answer.) OK, what about number3?

S3：I'll write down all our ideas.

T：Good! And number 4?

S4：We could put up signs.

T：OK, good! And number 5, number 5. OK, what about number 5?

S5：...

T：I'll ... OK, sit down, please.

S6：I'll put up ...

T：Put up? Put up? Number5 is also put up? number5. OK, thank you. So what about you? Is that so?

S7：I'll ...

T：I'll hand out ... Yeah, hand out, you know hand out? Hand out, good! What about number6? Together. We could each call up ten people ...

T：Now, let's read the sentences together, one two, start ...

Ss：(Students read the sentences together)

T: (Repeat with the students) OK, we know what is volunteer, and also we know how to do it better. Now let's experience volunteer. OK, now, here look at it, we can work in a group. OK? We work in group in four and write it down. Make ideas! Also you can offer help. Are you clear? A volunteer plan. OK? You can make a volunteer plan. What will you do? How to do it? (Repeat)
36″- 38″

二、第二次课改进

Unit 8 I'll help clean up the city park

Wang Ling (Shulan High School)

(Before the class) 10:45

T: Today, so many people are here, are you feeling nervous?

S: Yes

T: Don't be nervous. I will help you. Well, I can't call out your names, so I'd like you to be active to show your ideas freely in the class, Ok?

Ss: Ok.

T: Before the class, let's enjoy a song and watch a short video. ...

10:50 (beginning)

学生四人小组互相讨论并根据讨论的内容填写表格。老师在教室内走动,给予适当的指导。

(What could you do? how about you? Good! Clean up the city)

Discuss in groups of 4. (The teacher goes around and offers the students help where necessary.)

T: OK! I think time is up. So, volunteer? Yeah, I like you so much!

B: I'd like to help old people, because they are very ... We would like to help them with housework, sing songs for them, and talk with them, cheer them up. Let's join them.

T: OK, boys and girls, would you like to join ... would you like to join it? Yes or no?

Ss: Yes.

T: Well done! (Clap hands together!) OK! Whatever you have a lot of money or not, you could be a volunteer. Because everyone has something special. Sometimes helping others is helping ourselves, so just do it. Here is your homework today, have a break, bye-bye, students.

T: Morning, class

(Ss) Good morning, Mrs wang.

Step 1. Lead in

(T) Just now, we enjoyed a song. Now, I will ask you a question: What's the name of the song?

S: Volunteer.

S1: (hands up) Thankful heart.

"感恩的心".

T(追问): Can you say it in English?

S1: Sorry, I can't.

T: Who can say it in English? (No answer), so I will tell you. "Grateful Heart"(写在黑板上)

T: Grateful heart. (The Ss read after the teacher twice) Everyone should have a grateful heart. ,
　　then our world will be peaceful.

T: Now, another question: What can you see in this video?

S2: A group of volunteers

T: What's the meaning of "volunteer"?

S2:志愿者(部分学生也回答)

T: Good, sit down. (老师走向讲台在黑板上写下"volunteer",) "volunteer" means people do
　　something to help others, just like Lei Feng. Do you know Lei Feng?

Ss: Yes.

T: Now, read after me: volunteer

S: Volunteer.

T: Volunteer.

S: Volunteer.

T: Ok, tell me what they are doing in this short video?

S:(多个学生举手回答)Helping others; helping an old woman crossing the street; planting trees;
　　cleaning the street;

T：(打断发言)Yes，clean up the street.(随即呈现 clean up 在黑板上并解释)"Clean up" means making a place clean or tidy. Do you understand?

Ss：Yes.

Step 2　Freetalk

T：So many students tell us what they see in the video. What do you think of their volunteer work?

S1：It's interesting.

S2：It's tired.

S3：It's very very very... help others without... by themselves.

T(老师理解性地打断说)：I know your meaning, It's very dangerous, right?

S3：Yes.

T：Anything else?

S4：It's exciting.

S5：It's educational.

S6：It's helpful.

S7：It makes people experienced.

S8：It makes people happy.

T：Ye，helpful，dangerous，interesting；tiring，exciting，educational and so on，or we can say，it is very important，right?

Ss：Yes.

T：Why is it so important in this society? First，then tell me the reasons. Discuss in groups of four.

(学生 4 人小组进行讨论)

T：Now，time is up. Any volunteers?

S1：(hands up) Some people are homeless，some are old

S2：Many people are in trouble，They need help.

S3：There are many hungry people.

T：Yes，hungry people，(老师打断引入生词并呈现在黑板上)hunger(随后解释)is a noun"饥饿"

in Chinese.

（老师示意学生继续）Go on!

S4：There are many sick people.

T：They are ill.

S5：Poor people, not enough money.

S6 It's our duty to clean up the dirty places.

T：Yes, the places are dirty, they need people to clean up. Go on!

S7：Make the Olympic games successful.

T：Yes, in the Olympic games, there are a lot of volunteers who do different kinds of things.

S8：Need educational experience.

S9：Some people are in trouble, We should make them happy.

T：They are sad. We should cheer them up.

Step 3 listening and pairwork.

T：Yes, very good. Now, we have known the importance of volunteering, but in what ways can we volunteer and how can we do it better? First, let's listen to other people's ideas and then we show our own ideas.

T：Please turn to Page 60, listen to the dialogues and finish the tasks in 1b& 2b. Are you clear?

Ss：Yes.

T：First 1b.

（学生边听边完成 1b 的填空）

T：Have you finished it?

Ss：Yes.

T：Ok, Let's see your answers.（老师对中间座位第一位学生说）You, Please.

（ask one by one in line）：

S1：I'd like to work outside. You could help clean up the city parks.

S2：I'd like to help homeless people. You could give out food at the food bank.

S3：I'd like to cheer up sick kids. You could visit them in the hospital.

S4：I'd like to help kids with their schoolwork. You could volunteer an after-school study program.

T：Yes，please look at the screen and check the answer by yourselves.

T：They want to do different kinds of work，but how to do them. ? Now let's go on listening to the next dialogue.

（老师走到学生中说）

T：2b is a little difficult，of course. Look at the first sentence：We need to come up with a plan. "come up with" has the same meaning as "think out"，in Chinese "想出". Now let's listen.

（学生听第一遍）

T：Can you catch the general meaning? Do you want to listen to it again?

Ss：Yes.

（学生听第二遍）……听力结束。

T：Ok，Let's see your answers.

（中间右边的学生从前往后一个个呈现答案）

S1：We can't put off making a plan. Clean-up Day is only two weeks from now.

T：What's the meaning of the sentence?

S1：我们不能推迟制定这个计划。

T：Yes，"put off" means delay（老师把词组写在黑板上）并解释词组用法：

Put off doing，pay more attention to "doing"，not to do，Now，let's make a sentence：因为天下雨，我们不得不推迟召开运动会。（引导学生造句）

Ss：We have to put off having the sports meeting because of the rain.

T：Good. Go on!

S2：I'll write down all our ideas.

T：Right.

S3：We could put up signs.

T：Put up. （写在黑板上）

Ss：Put up. （Read after the teacher twice）

T：Go on!

S4：I'll hand out advertisements after school.

T: "hand out" means "give out".

S5: We could each call up ten people and ask then to come.

T: Tell me the Chinese meaning of this sentence

S5: 我们每个人可以给 10 个人打电话并要求他们来加入。

T: Right，"call up" means "make a telephone call to sb "

T: We have known other people's ideas about how to help people. Next，I'd like you to show your
　　ideas：In what ways to volunteer? What can we do to be a volunteer? How to do the volunteer
　　work better?

S: We can help the old

We can help the sick.

Plant the trees.

Visit the old people's home.

T: Yes，we can do many things. But today，I give you two topics. Divide you into 2 groups. One
　　topic：How to help the old（For Group I）

The other topic：How to help the sick kids（For Group II）

T: Give you a few minutes to prepare for it.

（学生以组为单位准备 Pairwork）

T: Now，time is up.（对第一组说）Which pair would like to do it first?

（学生举手多，老师随意叫了第一排的一对女生）Yes，please.

Pair 1：

A: Hi

B: Hello

A: I have a plan. I'd like to go to the Old Home to help them.

B: Good idea. How would you like to help?

A: I can perform for them. What about you?

B: I could give out some food and buy some gifts for them.

A: Great. Let's go.

Pair 2:

A: Hello.

B: Hello. What are you going to do?

A: I'm going to visit the old people in the Old Home. Would you like to go with me?

B: With pleasure. What could we do for them?

A: We could help them clean up the house.

B: That's right. And we can also tell them stories to cheer them up.

A: Great. Let's go now.

B: Ok.

T: Well done.

(老师对第二组学生说)Let me know how you can help the sick kids.

(11:20)

Pair I

A: Hello，what would you like to do?

B: I'd like to go to the hospital to visit sick kids. Would you like to go with me?

A: Ok. I can read some stories to cheer them up.

B: Let's go now.

Pair II

A: Hello.

B: Hello. How can you help the kids?

A: I'd like to be a superman to fly in the sky to let them happy (Laughter). What about you?

B: I'd like to be a spider man to give out sweets to the kids to make them happy.

T: That's a good idea. You want to be a spiderman.

A: Ms wang，I want to ask you a question. If you are a volunteer, what would you like to do?

T: Oh, I have a grateful heart, if others need help, I'd like to offer my help, if you need help, I can also help you. (The teacher means she's a teacher volunteer)

A: Thank you. I think you have a grateful heart.

T: Thanks. Well done. You have a rich imagination.

T: Any volunteers? Please.

Pair III

A: Hi, I'd like to go to the hospital to see the kids. What can I take?

B: I think you can bring some delicious food.

A: Good idea. I can tell them jokes to make them happy

B: Can I go with you?

A: Of course. Let's go.

Step 4   share your ideas

T: I'm glad to see your kind hearts, now share more about your ideas:

Experience a volunteer: If you have a chance to be a volunteer, what kind of volunteers would you like to be? (First discuss in groups)

S1: I want to be a teacher, I will teach the poor children, because they need education.

T: You are so clever, so you'd like to be a teacher, just like me?

S2: I'd like to be a doctor, for I want to help sick kids.

S3: I'd like to be a a translator, I want to be a volunteer in the next Olympic Games

T: Good, the Olympic Games need a lot of volunteers to do different things, I hope your dream will come true, so you will try your best to learn English well, Ok?

S3: Ok.

S4: I want to be a rich businesswoman, just like Bill Gates. Then I can help the people who need help.

T: Oh, How can you help them? (追问)

S4: I can give them some food and money.

T: Good. But first you should make a lot of money. Sit down. Any volunteers?

S5: I'd like to be a tour guide, so I can take them to travel all around the world.

T: You are talking so well, so why not start doing volunteer work right now?

(11:33)

(Task given) Write a letter to a volunteer organization to show your ideas of being a volunteer.

(Homework)

Step 5　Summary（Ending：）

T：In this class，we've learned how to express offering help. And we've learned several phrasal verbs. Above all，we learn how to show our love to others when people need help.

T：（Music－Dedication of love）：I think you can know more about "volunteer"，please write down your real feelings on the papers and hand them in. Now，with the music，let's read the soft words together from the bottom of our heart：

Help others，help ourselves！

Help others，we're happy！

Help others，the world is full of love

Let's volunteer from today！

T：That's all for today. I am glad to spend a happy time with you. Thank you！ Thanks very much！（43minutes）

Ss：You are welcome！

（两分钟学生处理纸上练习，老师校对答案，）

下课后学生上交纸上补充的作业和写有对主题情感体验的纸条。

三、第三次课改进

Unit 8　I'll help clean up the city park

Zhu Xiaohua

Step 1　Lead-in

T：Hello，class.

Ss：Hello.

T：Nice to meet you.

Ss：Nice to meet you，too.

T：Let me introduce myself first. My name is Shirley. I come from Linping No. 3 Middle School.

I am very happy to be your English teacher in this class. Ok. At the beginning of the class, we are going to enjoy a video of a song. When you are listening and watching, please find out what is the name of the song. Second, find out who the song is about. The 3rd question, what are they doing? Understand?

Ss: Yes.

T: Ok. Now let's enjoy the song.

(Play the video)

T: It's a beautiful song, isn't it? Do you know the name of the song? What's the English name of the song? (Pause.) the Chinese name of the song is ...

Ss:感恩的心.

T: And in English, we can call it " Grateful Heart". (Write down "grateful heart" on the blackboard)

Read after me: Grateful.

Ss: Grateful.

T: Grateful.

Ss: Grateful.

T: Heart.

Ss: Heart.

T: Grateful heart.

Ss: Grateful heart.

T: Who is the song about?

Ss: Volunteers.

T: Great. Yes. It is about volunteers. (Write "volunteer" on the blackboard.) Yes. Now, read after me: volunteer.

Ss: Volunteer.

T: Volunteer

Ss: Volunteer.

T: Ok. The song is about some volunteers. What are the volunteers doing in the video? Can you remember? (Show the question on the screen and make a pose to require the students to put up their hands.) You, please. (Point to a girl.)

S1: Clean up the street.

T: Some of the volunteers are cleaning up the street. Class, do you think so?

Ss: Yes.

T: Thank you. Sit down, please.

(Show the picture in which a woman is cleaning the park.)

Now, look. Yes. Some of the volunteers are cleaning up the parks, the streets. Very good.

Class, do you know the meaning of "clean up"?

(Write down "clean up" on the blackboard.)

Clean up means "make something clean ". Do you understand? Read after me: Clean up.

Ss: Clean up.

T: Clean up.

Ss: Clean up.

T: Ok. What about other volunteers? (Pause) Yeah. You, the second girl, please. (Point to another girl.)

S2: Some of them are helping the old people.

T: Are any of the volunteers helping the old people?

Ss: Yes.

T: Great. Look, some of the volunteers are helping old people. (图片再现)Look at the boy, he is so young. A young volunteer. He is looking after the old men and he is also(停顿了一下等学生接)cheering the old man up. You know the meaning of "cheer up"? (板书)

S: 让人高兴。

T: In English it means make sb. happier.

Yes. (领读)cheer up. What about the other volunteers. Er, yeah, that girl, please.

S: Plant trees.

T: Some volunteers are planting trees, do you think so?

S: Yes. (学生集体回答)

T: Thank you, sit down, please. Yeah, look! (呈现图片)The volunteers are planting trees.(板书)plant trees. What other things are they doing? now, class. Look at the picture. What is this young volunteer doing?

S: Helping the old man cross the street.

T: Help the old man cross the street(板书)What is this volunteer doing? What is he doing?

S: Help the policeman.

T: Yes, he is helping keep the traffic order, do you think so?

S: Yes.

T: So, from the pictures you know the volunteers are volunteering in different ways. Can you think up other ways to volunteer? In what other ways can volunteers help others? Yes, you, please.

S: Help poor people.

T: Help poor people. Yes, helping poor people is a good way, but what kind of people do you think are poor? What do you mean by poor people?

S: Hungry people

T: Yes, hungry people are poor.

S: Homeless.

T: Homeless people are poor. Thank you, sit down, please.

(板书)

T: Follow me, homeless.

S: Homeless.

T: What does "homeless" mean?

S: 无家可归。

T: In English, that means....? What does it mean? You know? OK! The third girl, can you try? NO. 3, yeah, it's you. And now what's the meaning of the homeless?

S: Er, er, it means the people have no home.

T: Yeah! Homeless means having no home, thank you, sit down, please.

Just now that girl said "helping poor people", it is a usual way for volunteers to do. Yes? and now do you have other ways? What other ways can volunteers help others. OK, this girl, please.

S: There are teachers in hoping school.

T: I beg your pardon?

S: There are teachers in hope school.

T: Do you mean "set up a hope school", right?

S: Yes.

T: Good, setting up a hoping school is a very good way. Anyone else? Stop 2 seconds.

S: providing clothes for the poor people.

T: providing clothes for the poor people, that sounds great. OK, that girl, please?

S: Visiting the people in hospital.

T: Visiting the people in hospital. Very good. Anything else?

Now you, please.

S: Cleaning up the city parks.

T: Cleaning up the city parks. OK, thank you. Just now we have thought up many ways to volunteer. That means there are many kinds of volunteer work, what do you think of volunteer work?

T: Repeat it again. (no answer)

T : Is that interesting?

Ss: Yes.

T: Is that tiring?

Ss: Yes.

T: And any other description words about that?

What do you think of volunteer work? Interesting, tiring... Is it important?

Ss: Yes.

T: Yes, it is also important. Now we know volunteer work is important.

But in what ways can we students volunteer. And how can we do it better? After listening to the two conversations, you will know more about that.

Step 2 Listening

T: Before listening, let's look at this picture. It is a bulletin board in No. 4 middle school. Look at this picture, please. You can see a boy and a girl. what are they doing?

Ss: They are looking at the posters.

T: Yes, they are looking at the signs on the bulletin board. (Write down the sign on the blackboard and teach the students to read it.) let's look at the signs and talk about them. What does the first sign mean? (Nobody put up their hands,) the teacher says, OK, say together, please.

Ss: Cleaning up the city parks.

T: Yes, that means students can help clean up the city parks.

T: What does the second sign mean?

Ss 齐答: It means visit sick kids in the hostipal.

T: The students can help the sick kids in the hospital. What does the third sign mean?

Ss 齐答:Help stop hunger.

T: Yes,(老师重复)help stop hunger, hunger.

Ss: Hunger.

T: Hungry.

Ss: Hungry.

T: I'm hungry.

Ss: I'm hungry.

T: Stop hunger.

Ss: Stop hunger.

16′32″ T: Ok. There are some signs on the bulletin board. Many Ss are talking about them. Now listen to them and try to complete the short conversations. Understand? Now begin. Before that, you'd better read the sentences.

17′04″ T: Are you ready for the listening?

Ss: Yes.

T: Now let'sstart.

Ss 学生一起听录音

18′06″ 录音结束

T：Have you completed the blanks?

Ss：Yes.

T：OK，you can discuss the answers with each other.

Ss：学生互对答案。

18′47″ 结束

T：击掌 OK，Now stop，please．Please tell us your answers in pairs．Which pair can tell the conversation first．Yes，you，please，that's right.

S1：I'd like to work outside.

S2：You could help clean up the city parks.

T：Do you think so?

Ss：Yes

T：That's right，sit down，please．Conversation 2．Yeah，these two girls.

S3：I'd like to help homeless people.

S4：You could give out food at the food bank.

19′20″ T：Do you agree with them?

Ss：Yes.

T：Yes，great．And conversation 3．Yes，that pair please.

S5：I'd like to cheer up sick kids.

S6：You could visit them in the hospital.

T：Do you agree with them?

Ss：Yes.

T：That's right．The last one．What about the boys．OK，That pair，please.

S7：I'd like to help kids with their schoolwork.

S8：You could volunteer an after-school study promgram.

19′59 T；Very good．That's great．Yes，Ok．You know，after looking at these signs and talking about the volunteer work，many children are planning to do it．Now one of the groups are planning to clean up the city parks. But there are so many city parks, so they are planning to tell others to help them, Understand? They are planning a City-Parks Clean-Up Day. Understand?

SS: Yes.

T: Yes, Clean-up Day.

Ss: Clean-up Day.

T: Yes, But in what ways are they going to tell more people about that. Now look at the five signs. Listen and check what they are going to do. I think before listening, we'd better try to understand the signs. Now what does the first sign mean?

T/S: They are going to make an ad on TV.

T: That' great. What does the second sign mean?

Ss: Put up signs.

T/S: Yes, put up the signs.

T: Great. put up (write down the phrase on bb)

S: Put up (read after the teacher)

T: What does the third sign mean?

S: call up.

T: Yes, call up people. Yes, what does the fourth sign mean?

Ss: Write down on the newspaper.

T: You mean "make an ad on the newspaper". OK, very good. The last one.

Ss: Hand out the ads.

T: Ok. class, the five signs show the five ways. But what are the students going to do really? Listen and check.

(listening to 2a)

T: Class, are you ready?

S: Yes/no.

T: What are they going to do? (no answer) Do you want to listen again?

S: Yes.

(listen to 2a again) 25－28′59　学生听听力材料

T：Ok. What are the Ss going to do? Now, please hands up. That girl, please.

S1：They will put up signs.

T：Any more? The boy, please.

S2：They will work outside.

T：Hmm. Good, sit down please. And what other things? That girl, please.

S3：They are going to call up other people.

T：They are going to call up other people. That's great. And the last one, they are going to hand out the advertisements. Ok. Read after me, please. (学生跟读)"hand out"

T：And "hand out" means "give out". We're going to listen to the conversation. Before listening, read the sentences. Ok, now listen to the tape and fill in the blanks.

学生听听力材料

T：Have you completed the blanks? You can see the answer to the first sentence. What's the next?

Ss：Put off.

T：What's the meaning of "put off". That means "delay". Read after me.

Yes. No. 3. The first boy, please. Can you have a try?

S1：Sorry. I can't.

T：It doesn't matter. Next boy, please.

S2：I'll write down all my ideas.

T：I'll write down all my ideas. Do you think so? (学生齐答 yes) Ok. That's great. Thank you, sit down, please. What about No. 4. Next boy, please.

S3：We could put up signs.

T：We could put up signs. Is that right? (学生齐答 yes)

Next one, please.

S4：I'll hand out advertisements after school.

T：Very good ... hand out(show the answer on the screen) OK. Next one. (a boy) Excuse me? Yes. Can you tell your answers? OK, The last boy, can you show us your answer?

S: We could each call up ten people and ask them to come.

T: We could each call up ten people ... Class, do you think it's right?

Ss: Yeah.

Step 3 Share ideas

I think after listening to the two conversations, you know more about volunteer work. Is that right?

Ss: Yeah.

T: So now, if you have a chance to be a volunteer. what do you want to do? let's share our ideas. (show on ppt.) Ss think about (29′53″- 29′58″)

T: This girl, please.

S: I'd like to visit sick children in the hospital.

T: Help sick children ...

S: In the hospital.

T: Hospital. What will you do for them?

S: Play with them.

T: Maybe, you think playing with them can cheer them up. Thank you. Sit down, please. That's great. Yes, and next one. Yes, you please.

S: I want to visit the old people's house.

T: Visit old people's house?

S: Yes.

T: What are you going to do in the old people's house?

S: I want to talk with old people.

T: Talk with old people?

S: Yes.

T: Yes. Talking with others is a good way to cheer them up, too?

S: Yes.

T: OK. Thank you, sit down, please. Ok. What about other students? Oh, next one, please.

S1: I'd like to set up a food bank.

T: You'd like to set up a food bank(把 set up 写在黑板上)

How can you get the food? Where is the food from?

S1: My mother gives me. (全班笑)

T:(笑着说)Great，You want to set up the food bank with the help of your mother. What about other students?

S2: I can help people who are homeless. (坐下)

T: You are really kind. Excuse me，How can you help them? （又把那学生叫起）

S2: Cheer them up.

T: Yes，maybe give something good to eat. OK，sit down please. What about other students?

S3: I'd like to help people cross the streets.

T: What kind of people?

S3: Old people and some students.

T: Very young students.

S3: Yes.

S3: And the disabled.

T: disabled，Em. Ok. That's good. Sit down, please. Ok just now, we shared some of Ss' ideas. Do you want to know about you friends' ideas? You can choose one or two friends to ask. Yes, you can stand up to ask your friends.

Ss:（Ss are talking. ）

T: Now. Would you like to show your conversations? Put up your hands，please.

Ok，that pair，please.

S1: What would you like to do?

S2: I'd like to clean up the parks. What about you?

S1: I'd like to help the old man.

T: Is that all? （ Turn to the other students)What is he going to do?

What is he going to do as a volunteer?

Do you know? He wants to ...

Ss: He wants to clean up the parks.

T: And what is he going to do?

Ss: (No answer)

T: OK. This boy. Repeat your idea, please.

What do you want to do?

S1: I would like help old people.

T: Yes, he wants to ...

Ss: Help old people.

T: You should listen carefully when other students are telling their ideas.

Ss: OK.

T: So much for this pair. Other pairs? Now, this girl, please!

S2: If you have a chance to be a volunteer, what do you want to do?

S3: I want to stop hunger.

T: Now, OK, sit down, please. What does this girl want to do? Now, you please?

S4: She wants to stop hunger.

T: She wants to stop hunger. Other pairs?

S5: What do you want to do if you have a chance to be a volunteer?

S6: I want to be a volunteer in a hope school.

T: And you please?

S7: If you have a chance to be a volunteer, what do you want to do?

S8: I'll help the old people to cross the road. How about you?

S7: I want to hand out food to hungry people.

T: OK, just now, you shared some ideas for what to do as a volunteer if you have a chance. OK,

   Now, we have a real chance.

Step 4　Survey

Today is November 8th. A week later (Repeat), It is December 5th. And December fifth is a special day. Do you know why it is special?

Please guess why it is special?

Ss: Volunteer Day.

T: Very Clever! It is International Volunteer Day. Are you going to do some volunteer week on International Volunteer Day?

What about your friends? Please make a survey among your classmates and then gives a report.

(Students are having the survey)老师走动观察学生有些同学没带练习纸,老师就举起一张纸,指着背面说 You can write down the information on the back of the survey paper. 然后学生忙于完成调查和报告,祝老师循环于各个小组中,从中进行指导。

T: Now, class. Please try to give us your report. That girl, please try first.

S1: I want to help the old people.

S2: Why do you choose to help the old people?

S1: I am good with them and can cheer them up.

T: Thank you. Sit down, please. But just now I told you to give a report like this(指出课件上的示范). Do you understand? OK, this girl wants to have a try.

S: December 5th is International Day. My friends and I are doing some volunteer work. Cheng Weichao will give out food to the homeless people, because she can cook some delicious food. Chen Siyuan is going to visit the sick people in hospital, she's going to sing for them and tell jokes to them.

T: Is that great?

Ss: Yes.

T: Let's give her a big hand. Anybody else? This girl, please.

(A girl stands up to give her report)

T: Yes. That's a great idea. 停电课件不能再用。You can go on sharing your ideas after school if you want).

Step 5   Summary

T: OK, till now, we have nearly come to the end of the class. Can you remember what we have learned in this class? First, we have learned some new words and phrases. Can you find easy ways to remember them? For example, you can make them into some English songs or make them into chants. Do you think so?

Ss: Yes.

T: Let me have a model. We can make an easy song like this:

Volunteer, volunteer, volunteer from today.

Clean up the roads and streets,

Cheer up the old and sick,

Set up a food bank,

Hand food out to the homeless.

If you want more people to join in,

you can put up signs on the wall.

(That students claps warmly)

T: (Smiles happily) OK! Can you find easy ways to remember them like this?

Discuss with your classmates. (2 minutes later)

T: Have you found any good ways? Believe in yourself. OK, yes, this girl, try, please.

S: The girl joins all of the new words and phrases into a wonderful chant.)

T: Do you think that's a wonderful way? Thank you so much, please sit down.

After class, please try to use the words and phrases. Clear? OK.

What other things have we learned in this class?

S1: We should have a grateful heart.

S2: We should help others.

T: Yes, We should have a grateful heart. We should help others. Helping others is ...

T/S: Helping ourselves.

T: Please remember this. That's all for today's class. Goodbye, everyone.

Ss: Goodbye.

第四章

4

经典的文献选读让思想
智慧光芒闪耀

第一节　提问的渊源与特性

通过提问促进学生学习的思想由来已久，从苏格拉底的谈话法到杜威的问题教学法、布鲁纳的发现学习法，虽然名称不同，但它们实质上都是以问题为中心的教学方法。让我们概要地领略一下大师们创建的经典教学法。

一、苏格拉底谈话法

问题学习的主要发展历程最早可以追溯到古希腊苏格拉底以问题为中心的谈话法。这种学习方法也被称为"精神助产术"、"产婆术"、"苏格拉底方法"等。苏格拉底的精神助产术是问题教学之源，他不擅长长篇大论而是提出问题。苏格拉底谈话法的主要特征有：

● 问题性。谈话法主要围绕某一或某些问题、以师生对话的形式进行，通过提出问题、回答问题、反复诘难来寻求普遍的定义、探索一般的真理。

● 试误性。所谓试误就是指尝试错误。苏格拉底的谈话法往往鼓励对方在回答问题中尝试错误。苏格拉底认为尝试并承认自己的无知是认识真理的第一步，是认识问题、获得真理的重要前提，只有不断地尝试错误、认识错误，不断地清除了错误的观念后才能在真理的道路上前进。在谈论某一事物时，苏格拉底从不说出自己的看法，而总是以无知的态度向对方请教。当对方提出自己的看法之后，苏格拉底就举出一些事例揭示出这个观点在运用于这些事例时显得不恰当。使得下定义的人只好承认自己的看法有错误,并且不得不提出新的看法。苏格拉底接着就盘根究底继续从各个方面揭示这些见解仍不恰当。讨论不断地拓展、深入,最终对方不得不承认自己在该方面的无知,自己尚需深入研究。

● 助产性。苏格拉底认为,知识并非是人们对事物主观上产生的观念或认识,而是客观存在的、绝对的东西,是在人们投胎出生之前人的灵魂就具有的,就像胎儿本来就存在于母体中一样。因此,他教学生并不是给学生知识而是将本来就存在于学生心灵里的知识引出来、使之显现出来,就像助产婆帮助产妇生小孩。①

苏格拉底的谈话法也存在一定的局限性。

● 用于对话中的问题往往是老师直接提出来的,而且要求学生即刻做出回答。这导致一方面教师缺乏对问题的精心设计,另一方面学生又缺乏回答问题的准备时间和心理准备。学生很少被要求展开问题讨论。这种问答对话式学习方式中的问题的答案往往是学生主观上想出来的,而不是通过实际生活体验的来自实践的结论——实践知识。

● 谈话法往往以师生之间一对一的对话形式进行,对于今天一个教师面对几十个甚至上百个学生教学时显得难以作为。

● 虽然说老师在学生学习过程中起着助推作用,实际上,在整个教学过程中,一刻也少不了教师,没有教师,学习无法进行下去,这说明苏格拉底谈话法对教师存在极大的依赖性。

然而,尽管苏格拉底谈话法存在一定的局限性,其知识观也具有一定的唯心色彩,但其倡导的围绕问题谈话而展开教学的方法,对于后来人们开展问题教学乃至问题学习具有一定的启发意义和深远的影响。

二、杜威问题教学法

如果说苏格拉底的谈话法只是一种问题教学的思想和理念,是教学方法上的一种价值取

---

① 周久桃.基于问题的学习研究[D].上海:上海师范大学,2007.

向,那么真正提出问题教学这一概念的则首推美国实用主义教育家杜威的问题教学法。

杜威提出的问题教学法是基于他的思维理论。他在《思维与教学》中提出,一切教学首要任务"在于培养灵敏、缜密而透彻的思维习惯","学习就是学习思维"。在他看来,学校教学的重要任务是唤起儿童的思维,培养儿童的思维能力。而采用问题教学有助于学生的思维能力和思维习惯的培养。由此可见,杜威倡导问题教学绝不仅仅是为了使儿童获得一些简单的操作技能,他的主要目的是为了训练思维、开发理智。

杜威在《民主主义与教育》一书中曾指出教学要素与思维要素的一致性关系,他说:

教学法的要素与思维的要素是相同的。这些要素是:第一,学生要有一个真实的经验情境——要有一个对活动本身感兴趣的连续的活动;第二,在研究情境内部产生一个真实的问题作为思维的刺激物;第三,他要占有知识资料,从事必要的观察以对付这个问题;第四,他必须负责有条不紊地展开他所想出的解决问题的方法;第五,他要有机会和需要通过应用检验他的观念,使这些观念意义明确,并且让他自己发现它们是否有效。

事实上,这些思维要素、教学要素也就是问题解决的过程要素。在教学与思维要素主张的基础上,杜威提出了思维的过程。杜威认为,人类解决问题的思维过程可以分成五个步骤,通称"思维五步":

- 疑难的情境是感到困难或发现问题;
- 确定和限定问题;
- 根据对解决这些问题的设想收集那些可使问题得到解决的证据;
- 通过推理判断的思维活动提出关于问题答案的假设;
- 进行观察或者实验证实结论的可靠性即检验或修改假设。

杜威指出,这五个步骤的顺序并不是固定的。由"思维五步"出发,杜威进一步提出了问题教学在课堂教学活动中的实施也相应地分成五个步骤:

- 教师给儿童提供一个与现在的社会生活经验相联系的情境;

- 使儿童有准备去应付在情境中产生的问题；

- 使儿童产生对解决问题的思考和假设；

- 儿童自己对解决问题的假设加以整理和排列；

- 儿童通过应用来检验这些假设。

这种教学过程在教育史上一般被称之为"教学五步"。杜威在他的"思维五步"理论的基础上提出的问题"教学五步"不仅对当时的教学实践活动具有积极的影响，而且对于后来人们探讨问题教学具体模式也有一定的启发意义。

然而，杜威这个问题教学五步法也存在一定的缺陷。

- 问题教学五步由于强调与思维五步的对应性而忽视了学生之间为了解决问题而展开合作的需要，不利于学生合作精神的培养。

- 从杜威问题教学五步的过程来看，这种问题教学重视学生在问题解决过程中的思维培养，忽视了解决问题之后进行总结、评价和反思的作用。

三、布鲁纳发现式学习

美国著名教育心理学家布鲁纳所提出的发现式学习，其目的是通过探索发现的学习活动，学会解决问题的各种策略。学生在主动积极的思维活动中认识、理解并掌握相关的科学知识，培养学生的独立思考能力、自主学习能力以及探究性思维能力等。

发现式学习主要以学科的基本结构为内容，使学生通过再发现的步骤来进行学习。布鲁纳指出，"发现并不限于寻求人类尚未知晓的东西，确切地说，它包括了用自己的头脑亲自获取知识的一切方法"。在布鲁纳看来，所谓"发现"并不仅仅意味着人类对未知世界的那种科学发现，而且更具意义的是指那些学生凭借自己的力量对人类已有的文化知识所进行的再发现。

发现式学习的主要特点包括：

- 强调学习过程，注重学习过程中的探究性。布鲁纳认为，认识是一个过程，而不是一种产品。他强调学习是学生主动探究的过程，而不是被动地接受作为产品传递的知识。教师的作用是要给学生提供一种能让学生独立探究的情境而不是现存的知识。

● 强调直觉思维。直觉思维与分析思维的不同之处在于，它不根据仔细规定好的步骤，而是采取跃进式的、越级的、走捷径的方式来思维。直觉思维的本质是映象或图象性的。它的形成过程一般不需要言语信息，尤其不需要教师指示性的语言文字。所以，教师在学生探究活动中要帮助学生形成丰富的想象，防止过早语言化。与其指示学生如何做，不如让学生自己试着做，边做边想。

● 强调学习者学习的内在动机。他重视形成学生的内部动机或把外部动机转化为内部动机。尤其是重视形成学生的能力动机，让学生对自己的能力提出挑战，通过激励学生提高自己才能的欲望从而提高学习的效率。

● 强调信息的灵活提取。他认为，学生亲自参与发现事物的活动必然会用某种方式对它们加以组织从而有利于信息提取。

发现式学习的过程与功能。发现式学习没有固定不变的步骤，学习过程因人而异。不过一般都经历提出假设—探究结果—检查验证三个阶段。布鲁纳认为，发现学习的有益之处是：

● 发展学生的认知能力，开发学生的智慧潜力；
● 激发学习者的学习兴趣，促进学习由外在动机向内在动机的转化；
● 掌握发现的探究方法；
● 有助于对知识的有效和长久记忆。

发现式学习的不足之处主要是：

● 发现式学习是通过探索发现的形式来认识事物，学习的主要任务是使学生获得概念、掌握学科知识的基本结构，学习以"认识概念"为中心，而不是以解决某一生活中的真实问题为中心。

● 学习途径比较单一，主要是个人的探索与发现，没能重视校外社区组织、机关团体等外部的机构。

如果说苏格拉底的谈话法开启了问题学习之源,杜威的问题教学重视学习中的思维训练,布鲁纳的发现学习强调概念的获得价值、强调掌握学科知识的基本结构以及学习迁移的有效性价值,那么诞生于 20 世纪 60 年代末的基于问题的学习(Problem-based Learning)则是它们之集大成者。它一方面与以往的问题教学具有一脉相承之处,另一方面又形成了自身独特的相对稳定的学习模式,凸显了以学生发展为本的价值取向。

基于问题的学习是教育领域中最具革新的一种教学形式,其目的是为了培养学生应用知识解决复杂和现实问题的能力,并帮助学生发展高级思维,养成学生自我导向的学习能力。

基于问题的学习起源于 20 世纪 60 年代末西方的医学教育。长久以来,医学院培养医生的惯例是要求学生记住一大堆知识,然后再将这些知识应用于临床场合。通过这种教学方式,学生确实记住了不少药理和医道。但是这种先学后用的方法培养不出能胸有成竹地处理各种现实问题的医生。因为有些病人或许无法讲清楚自己的病情,有些病人或许表现出复杂的症状。尽管医学院学生为了对付各门功课的考试而把基本医学知识背得滚瓜烂熟,但实际应用时则手足无措,而且不久就把这些知识忘得一干二净。1969 年,美国南伊利诺大学教授巴罗斯在加拿大安大略省汉密尔顿市的麦克马斯特大学医学院任教期间发现,学生参加临床实习后,这种被动的学习状况会立刻改变。在临床实习时学生直接接触病人解决他们的问题会表现出极大的热情和主动性。

随即他提出两个假设:一是通过问题情境学习比以记忆为基础的学习效果要好;二是最重要的看病技能是解决问题的能力而不是记忆。于是,他在麦克马斯特大学医学院进行了第一个实验。他把学生分成小组,每个组派一个指导老师,然后把一组一组的学生放入一群由健康人组成的"病人"群中。在这样的情境下,学生就开始对病人进行访谈、做笔录,然后针对"病人"的症状,到图书馆去查资料,并在小组内讨论最后给"病人"开处方。实验表明,在这样的学习中,学生查资料、向老师请教问题以及和组员讨论很主动,他们完全成了学习的主动参与者,而不是坐在课堂里被动地接受老师传授的知识。因此,他认为,医学院教学应该让学生从一进入医院就处于这样的状态,让学生从一开始就接触实际的医学问题,将学生分成小组,教师充当辅助学习的角色。就这样,作为一种新型学习模式,PBL 在麦克马斯特大学医学院最终形成。

另外,琳达(Linda Torp)和莎拉(Sara Saga)认为,"基于问题的学习"是让学生围绕着解决一些结构不良的、真实的问题而进行的一种有针对性的、实践性(学生不仅要动脑,而且要动手)的学习,它包括课程组织和策略指导两个基本过程,也就是说,"基于问题的学习"就是让学生在实际问题情境中学习,让他们把所学知识和实际生活联系起来,以此培养他们的学习兴趣和学习主动性,同时让他们建构自己的知识框架。

唐纳德·伍兹(Donald R. Woods)认为,PBL 就是一种以问题驱动学习的学习环境,即,在学生学习知识之前,先给他们一个问题。提出问题是为了让学生发现在解决某个问题之间前必须学习一些新知识。

史蒂文(Stephen)和加拉格尔(Gallagher)把基于问题的学习理解为,对学生进行任何教学之前,提供一个"劣构"问题。在整个学习过程中,要求学生对问题进行深入探究,找到问题之间的联系,剖解问题的复杂性,运用知识形成问题的解决方案。[①]

最后需要指出的是,很多人都把"问题教学"等同于"问题学习",认为"问题教学"就是"问题学习"。通过相关文献的研究发现,这种认识是不科学、不全面的。在这里,我们有必要对其作以区别:

● 从它们自身内涵上看,"教学"强调教师的行为即强调"教",而"学习"则强调学生的行为即强调"学"。现代教学论认为,"教"与"学"是不可分割的整体,它们是同一活动过程即教学活动过程中的两个方面。教师教的过程同时又是学生学的过程。

但是,"教"与"学"的行为主体是不同的,是对立的。"教"的主体是教师,"学"的主体是学生。既然"教"的主体是教师,那么讨论"问题教学"的理论、方法与技巧也就是探讨教师如何通过问题来教授这种"教"的方法与技巧,它立足于为教师的"教"提供方法论。而"学"的主体是学生,讨论"问题学习"的理论、方法与技巧,很明显是指学生如何通过解决问题的形式来学习。它立足于为学生的"学"提供方法论。

● 从现代教学理论发展趋势来看,随着教育心理学的发展,尤其是多元智能理论、建构主义学习理论的出现,教学从重视教师的"教"逐步发展到重视学生的"学"。"教育应较少地致力于传递和储存知识,尽管我们要留心不要过于夸大这一点,而应该更努力寻求获得知识的方法,学会如何学习。应从关注对知识的传递逐步发展到关注知识的建构和生成、关注人的成长。现代教学论认为,教学要以学生为本,以学生的发展为本。教学活动是学

---

① 马真.美国 PBL 教学模式及在我国高校研究生教学中的应用研究[D].济南:山东师范大学,2011.

生生活的一部分,是学生生命价值的体现。"教师只要从思想上真正顾及了学生的多方面成长、顾及了生命活动的多面性和师生共同活动中多种组合和发展方式的可能性就能发现课堂。

有鉴于此,我们认为,从"问题教学"到"问题学习"是对学习理论深刻认识的体现,是对教学本质为物还是为人的肯定回答,也是人类认识事物不断前进、不断升华的必然。①

---

① 周久桃.基于问题的学习研究[D].上海:上海师范大学,2007.

第二节　提问的分类与模式

一、课堂提问分类

在提问的类型上,早期的心理学家把提问分成两大系统,即"开放与封闭"和"记忆与思考"。开放性的问题允许有广泛的反应范围,不仅包括认知的要求,还包括情感的表现、移情的作用、态度和价值。封闭性的问题只有一个正确的或最佳的答案,它要求学生在一个狭窄的范围内选择反应;记忆性的问题需要学生回忆已有的信息,它是教师经常提问的一种类型。相反,思考性问题需要学生运用已有的信息去创造新的信息。

桑得士(Sanders,1956)根据布卢姆的目标分类对提问进行的分类研究,共计为七项,具体为:

- 记忆性问题:要求学生回忆或认知已学过的知识,包括事实、定义、规则、价值观及技能等。

- 转换性问题:对问题的回答是将原材料转化为另一种语言或符号来表达。

- 解释性问题:学生回答问题,对两个或更多个别事实、规则、定义、价值观念或技能等,找出其间的关系,包括比较的、应用的、数据的、归纳的、因果的等关系。

- 应用性问题:学生回答问题表现为运用已有的知识和能力解决新的问题。

- 分析性问题:学生回答问题,表现为依据事实以及思考方法(归纳、演绎等方法)或由实例类推去分析其关系。

● 综合性问题：学生回答问题表现为应用想象，可以别出心裁地设想或发现前所未有的方法。此类问题允许学生自由寻求各种不同答案。

● 评价性问题：学生回答问题，须先设定自己的标准或价值观念，以此来评价事物或观念。

威伦等人把提问分成四层水平：

● 水平 1——低层次集中型问题。问题要求学生进行再现性思考，主要表现为学生再认和回忆相关信息，强调记忆和保持。

● 水平 2——高层次集中型问题。问题要求学生致力于"水平 1"之上的生产性思考，主要表现为要求学生超越记忆，表现为对材料的组织和理解。

● 水平 3——低层次分析型问题。问题要求学生对有关内容进行批判性思考，主要表现为学生分析相应信息，发现其原因，得出结论，或者寻找观点的支持依据。

● 水平 4——高层次分析型问题。问题要求学生致力于原创性和评价性思考，主要表现为学生能做出预测，解决生活中的问题，基于内在的和外在的标准判断各种想法、信息、各种行为和审美表达。[①]

二、课堂提问模式

1. QUILT 模式

QUILT（Questioning and Understanding to Improve Learning and Thinking）是"经由提问促进学习与思维"（英文）。随着提问日渐成为课堂教学的重要例行程序，越来越多的教育者和研究者开始重视提问的作用。

---

① 刘岩梅.浅谈如何发挥提问在课堂教学中的作用[J].辽宁教育行政学院学报,2009(12).

QUILT 是由 Appalachia Educational Laboratory, Inc. 开发的促进学校全体成员发展的培训模式。这种模式的效果十分显著,Patterson (1999)详细地介绍了这种模式如何与 Bloom(1956)认知分类标准结合起来使用。QUILT 的实施包括广泛收集数据与分析,对参与(Participant)的知识、态度与课堂行为的评价等一系列步骤。通常评价的课堂行为包括:教师和学生提出问题的数量,等待时间的运用,问题的认知水平,教师反馈的不同类型(受欢迎和不受欢迎的)。通过观察、录像、行为编码等技术收集数据,结果对教师的行为有明显的改善,学生提问的质与量、学习效果得到明显的提高。

2. K—W—L 模式

Carr 和 Ogle(1987)提出的一种训练学生提问的模式。事实上,K—W—L 概括了学习的三个步骤:知道的(know),想知道的(want to know),学到的(learned)。这种策略首先由教师示范,然后,学生在独立学习过程中逐渐内化这种策略。这种策略由三个问题组成:"关于这个主题我已知道了什么,我想通过这次学习学到什么,我学到了什么?"教师通常将 K—W—L 模式设计成工作单(worksheet)进行教学。

在第一阶段(K),学生通过头脑风暴和讨论,把已经了解到的知识、观点列举出来,填入左边的栏内。经过讨论和列举已经知道的事实和观点以后,学生们讨论还想知道哪些内容,并把自己的问题写下来,这样就进入了下一阶段(W)。

学生通过阅读课文,寻找相关的答案。当学生阅读的时候,让学生使用第三栏(L),写下前一阶段提出问题的答案。教师引导学生一起回顾提出的问题和答案,并进行讲解。

3. ReQuest,TeachQuest 与 InQuest 模式

Ciardiello (1998)对学生提问的训练依据两种模式:ReQuest, TeachQuest。ReQuest 是 Manzo (1970)提出的训练模式。ReQuest 是交互提问(reciprocal questioning)程序的缩略语。在 ReQuest 训练过程中,教师和学生轮流提问和回答每一方关于阅读材料的问题。Manzo 最初的 ReQuest 模式既不包含任何正式的提问训练,又没有运用疑问句式、疑问词的提示来指导实践。Ciardiello 对 ReQuest 模式进行了修改,使之在训练学生提问方面更为适用。TeaehQuest 是指教师通过直接指导、示范、强化和追问练习来训练学生提问。用 TeachQuest 的原因是教师在这种模式中扮演着主导角色。

InQuest 模式是 Shoop (1986) 开发的探究性提问程序(Investigative Questioning Procedure)。该模式把学生提问和自发戏剧技术结合在一起。在进行叙述性阅读时,教师随机

中断,并发起一个"新闻发布会",学生和教师轮流扮演被采访对象和记者。InQuest 突出了元认知、能力和自我提问的联系。正如 Postman 和 Weingartner 所说:"一旦你学会了问相关的、适当的和实质的问题,你就学会了如何学习,并且没有人能阻止你想学和需要学习的东西。"

4. W. A. S. H. 模式

W. A. S. H. 模式(We All Speak Here)是 St. John (1999)提出的经验学习策略,为学习者(个体或群体)提供了探索、讨论和发现他们关于某一观念、问题或概念的想法和感受。W. A. S. H. 模式的操作过程为:实验的参加者分成小组,在设定的时限内对每个问题列举出尽可能多的反应。对某个特定的问题列举完反应后,小组就区分这些反应的优先次序。这些反应作为永久性记录保存下来。这个模式要强调的两个方面是,问题的措辞要严密,引导小组区分反应的优先次序。①

---

① 宋振韶.课堂提问基本模式以及学生提问的研究现状(下)[J].学科教育,2003(2):24—27.

第三节 提问的策略与技巧

一、维伦的发问技巧

韦伦(W. W. Wilen)对大量研究发问技巧的论述进行了综合,做出了如下归纳:

● 设计标志课堂结构和方向的关键问题。把它们写进教案中,一项任务至少一个问题,尤其是高水平的问题;教师在课堂上要根据学生的回答问一些随机性的问题。

● 清楚、详细而精确地表述问题。避免模棱两可的发问,提专一的问题;避免无休止地提问,那会使学生受挫或迷惑。表述清楚的提问会提高正确回答的可能性。

● 使问题适合学生的能力水平。这可增强学生对问题的理解,减少对自身能力的忧虑。在程度不同的班级里,要用自然、简洁、通俗的语言表述问题,调整词汇和句子结构以符合学生的语言和知识水平。

● 按照逻辑和循序渐进的原则提问。避免进行无明确中心和目的的随意发问。考查学生的智力和能力,预先了解要学习的内容和功课任务,然后按照预先计划的次序发问,这将有助于学生的思维和学习。

● 提出各种水平的问题。运用较简单的问题检查学生对所学内容的基本理解,并以此作为较高思维水平的基础。这种较高水平的问题为学生提供了锻炼较高思维水平的机会。

● 紧随学生的回答继续发问。鼓励学生澄清最初的回答,支持某一种观点或看法,提高同答问题的完整性及在更高水平上进行思维的可能性。例如，"你能否重述一遍你的观点？""你能进一步对你的回答做出解释吗？""你如何来捍卫你的立场？"以此来鼓励学生澄清、扩展或支持最初的回答。

● 在学生回答之前提供思考的时间。发问以后，等 3—5 秒或更长时间，可以增加学生回答的内容，并鼓励学生在较高水平上进行思维。让学生马上回答问题会明显减少教师和学生、学生和学生之间富有意义的相互作用。在重复或重新表述问题之前给学生留有足够的时间，可保证学生对问题的充分理解。

二、课堂教学提问的常见问题

在课堂教学的提问过程中，普遍存在以下问题：

1. 粗放提问，实效不高。教师往往随意提问，甚至流水式提问而导致"满堂问"，且所提的大多是低思维度的问题，学生常可用"是"、"对"或"不是"、"不对"回答，这种看似活跃的课堂气氛，实质上是在为教师讲课或板书"填补空档"服务，教学实效不高。

2. 教师提问多，学生提问少，比例严重失调，学生的学习主体地位得不到落实，导致的后果令人担忧。据报道：1998 年国际中学生物理奥林匹克竞赛结束后，外国科学家举行了一次面向参赛选手的报告会，介绍这次竞赛试题的背景，并接受选手们的提问。当时外国参赛选手纷纷提问，但获得金牌的中国选手却始终没有提问题，这除了语言原因，主要就是中国选手不想或不知如何提问题。这不能不说是我们教学上的不足。

优化课堂提问，其实就是提出新的问题，这对落实培养以创新意识和创新精神为核心的素质教育具有重要意义。就教师而言，应是从教学目标出发，根据学生已有的知识与能力及心理素质水平，向学生提出有价值的问题，并能引导学生积极思考、分析、寻求最佳答案，进而获得新知、提高能力、开发智力的一种教学方法。就学生而言，应是对教师讲授的内容或课文疑惑之处提出问题或提出自己的见解，以期师生共同探讨，进而增长知识，开拓思路，培养创新精神。课堂提问对发展学生的认识能力和创新精神具有特别重要的意义。

从认识规律看，课堂学习过程是一个由不知到知，从不会到会的过程，其动力之一是学有所疑，从有疑到解疑，学生的认识就能前进，创新精神就能逐步培养。正如我国宋代著名教育家朱熹所说:"读书无疑者,须教有疑;有疑者,却要无疑,至此方是长进。"

优化教学过程的主导者是教师。教师首先要强化提问意识,努力创设问题情境,这既是教师创造性劳动的体现,又是教师主导作用的发挥。教师提问与学生提问同时考虑,精心设计课堂提问,提出新颖独到的问题,问人之所未问,发一问带动全文,促进学生带着问题去思索、去分析、去寻求解决问题的最佳答案。同时要努力培养学生的提问能力,使学生从敢于提问到善于提问,逐步培养勇于探索和创新精神。学生如果不会提问,也就不会积极思考,就谈不上智力与能力的提高,更谈不上创造力的培养了。因此鼓励学生多多参与课堂提问,其意义非同一般。根据中学语文教研与教学实践,借鉴著名教师的课堂教学实录中课堂提问成功经验,可以总结归纳出以下方面的优化课堂教学提问的策略:

1. 明确目的性。要紧紧围绕实现教学目标这个中心,优化课堂提问,提哪些问题,在何时提问,提问哪些学生,期望得到怎样的答案,学生可能回答的情况及处理办法等都要有明确的通盘设计。

2. 富有启发性。引导式提问是最具启发性的提问,能激发学生的求知欲,促进学生的思维发展,引起新旧知识的联系,逐步提高思辨能力和用自己的语言创造性地解决问题的能力。

3. 构建多维"度"。教师在教学实践中,对课堂提问的设计和运用应该是"八仙过海,各显其能"。在优化课堂提问时,应该把握好角度、难度、效度、密度,使课堂提问科学而精彩、有效而有趣,使学生喜闻乐答。如何把握好这几个"度"? 我们不妨运用教育测量理论,借鉴著名教师的经验,结合教学实际,通过定性分析与量化测定相结合的方法来探讨课堂提问设计的操作标准。

角度。课堂提问的角度要力求新颖,教师要别具慧眼,善于设疑、引疑、解疑,可以直问,更可以曲问;可以一题多问,也可以多题一问。只要是围绕教学目标,尽可能地选择一个新颖的角度提问。举一反三,转换点拨,引导学生动脑分析、联想、迁移,以达到教学目标。课堂提问的角度是否新颖可以用学生感兴趣的程度来检验。

难度。课堂提问的难度以是否适合学生的心理认知能力(知识背景、思维水平等)为检验标准,应该以原有的知识基础为起点,找到学生的最近发展区,缩短现有发展水平与达到目标之间的距离。要使多数学生经过短时间的认真思考能回答得出,或者"跳一跳能摘到桃",使学生的思维强度出现"临界状态"。

效度,亦称有效性。检验课堂提问的效度,在确保其围绕教学目标的前提下,看其能否激起学生思考的兴趣,问与答是否到达点子上或要害处。"一问三不知"或"三答无一对"的课堂提问是无效度可言的,有50%以上的学生能积极思考并基本回答正确,可认为此提问效度明显。

密度。课堂提问的密度虽无绝对的标准,但有基本的准则。从学生认知心理发展规律看,年级升高,教师提问的密度应逐步降低,主要应减少低思维度的提问,保留有思维深度的提问,"伤其十指不如断其一指";而学生提问的密度应逐步提高。当然,教师循循善诱、环环相扣的提问,有时也能促使学生积极阅读与思考,在回答中加深理解,收到较好的教学效果(程红兵老师执教《我的叔叔于勒》便是一例)。而学生的课堂提问密度应该有"零"的突破,要像宁鸿彬老师教《石壕吏》一课那样善于引导学生发现问题,鼓励学生多提问,进而寻找解决问题的途径与方法。

上述角度、难度、效度是对单个课堂提问的评价指标,而密度则是基于课堂教学整体考虑的指标。在教学实践中,要处理好其间的关系,做个有心人,不断探索,精益求精,朝着优化课堂教学过程的目标不懈努力,切实提高语文教学质量。

三、课堂教学提问的8点忌讳

课堂提问是激发学生学习兴趣,开启心志,培养思维的有效方法;是组织课堂教学的重要手段;也是师生情感和信息交流的重要渠道。在运用这一教学方式时,有8点忌讳需要注意:

一忌提问过多。如在一次教研活动的公开课上,执教教师共提了88个问题,平均一分钟2个。这类课在各种观摩活动中还有一定的市场,它片面追求课堂气氛,设计大量问题,搞地毯式轰炸,表面上看课堂上师生问答此起彼伏,热热闹闹,气氛活跃,但实际效果并不好。因为问题多,题意简单答案固定,问答速度快,教师频繁发问,学生应声作答,几乎没有思考时间,其探究问题的意识、思考问题的方法、解决问题的能力没有得到锻炼和培养,与"填鸭式"教学并无本质区别。课堂提问固然重要,但也不是越多越好,一定要根据教学内容和具体情况,设计适量的课堂提问。太少,则难以激发学生的学习兴趣和参与热情,影响教学效果;太多,则必然会降低问题的质量,使课堂提问流于形式,不利于培养学生良好的思维习惯。

二忌问题目标不明。在低年级的数学课堂上,经常看到教师提这样的一些问题,如"你们从图画中看到了什么? 你能提出什么问题吗?"学生不是说看到了美丽的蝴蝶,就是看到了可爱的小鸟,不是说白云在唱歌,就是兔子在跳舞。往往折腾了半天,学生就是提不出一个数学问题来,低年级的小朋友想象丰富、天真烂漫,把本来的数学课上得像是语文看图说话课。一方面是学生群情激昂,离题万里,另一方面却是教师焦头烂额,手足无措,得不到自己想要的答案。为什么会出现这种情况呢?关键就是教师的问题缺乏明确的目标,在问题中信息指向性不明。

三忌问题过小。有些老师总喜欢把问题掰开揉碎,讲深讲透,学生不用动脑就能听明白。这实际上降低了教学内容的思维价值,有百害而无一利,因此在教学中应当尽可能从整体上把握问题,创设一种真实、复杂、具有挑战性的、开放的问题。

四忌语言生硬。杜威认为,课堂教学即交往。教学提问是师生交往的一种重要形式,有效交往的前提是双方心理感觉上的平等友好。因此,老师提问应该放下架子,语气平缓,态度和蔼,给学生一种亲切感。如果学生回答有误,不要责备,更不要讽刺打击,如果学生暂时回答不上来或答不完整,老师要给予鼓励或给他搭一点"梯子"。在教学中可以采用商量的语气与学生对话,"说一说你的想法,好吗?""这道题你打算怎样算呢? 能告诉大家吗?"等等。老师只有让学生保持轻松的心理状态,敢想、敢说、敢做,才能得到美妙的答案。

五忌不区分对象。有些教师在选择回答问题对象时,出现了一些偏差。如只提问好学生,或专提问一小部分学生,冷落了大多数学生;或对差生进行惩罚性提问,让学生难堪。在一个自然形成的班级里,学生的基础和智力层次是参差不齐的。我们应该不失时机地给各种层次的学生创造"抛头露面"的机会,学有所得,体验成功的喜悦,不要怕他们答错或浪费时间。所提问题,要切合学生的心理水平,切合学生的生活实际,使学生跳一跳就能摘到苹果。提问不能搞一刀切,对比较简单的问题,应抽差生来回答,对于一般的问题让中上生来回答,对难度较大的问题让优秀的学生来回答。

六忌把握不准坡度。问题不能过于直露浅显,太简单的问题就如一碗清水,无滋无味,没有任何思考的空间和余地,学生只需回答"是"或"不是"、"好"或"不好"就行,这样会极大地抑制学生的思维。问题过难,学生无所适从,无处下手,长此下去,学习积极性受到打击。问题的设计要有坡度,要步步相因,环环相扣,层层相递,要遵循从易到难、自简至繁、由浅入深、由表及里的原则,一步一个台阶地把问题引向深入。

七忌问后即答。教师在提出问题后,不要急着给予过多的解释与引导,而要留给学生安静思考的时间,教师要学会等待,学会让热闹的课堂沉寂下来。当学生在学习中遇到问题时,老师要善于卖关子,让学生自行深入思考,有意识地帮助学生进入最近发展区。教师在课堂提问后应环顾全班,利用学生思考的时间,注意一些非语言的暗示,就可知道学生对问题的反应:学生举手则表明他想回答这个问题;当学生准备回答时,便会身体稍微前倾,微张嘴;而听到问题后低头或躲避教师的目光者，则可能他没听清楚问题或无法回答这一问题。因此，在教师提出问题后的停顿期间，就可根据这些表现，选择合适的对象，把握适当的时机，有针对性地提问学生。

八忌轻易否定学生的提问。课堂应该是师生的双向互动过程，不应该只是教师的一言堂，只是停留在师问生答这个层面，而应该允许学生"插嘴"，允许学生提问。否则教师的某个轻易的否定说不定就会泼灭一朵思维的火花，说不定就将一个爱迪生扼杀在了摇篮里。著名教育家苏霍姆林斯基说过："学生来到学校里，不仅是为了取得一份知识的行囊，更主要的是为了变得更聪明。"在数学教学中，只要我们会问善问，正确把握问题反馈，一定会让我们的课堂快乐起来。

四、关注更多学生的课堂提问策略

如何在课堂提问中关注更多的学生？针对一个问题，提问多个学生。不同的学生对待同一个问题的答案往往是不同的。即使是相同的答案，当我们不是一题一问，而是一题多问的时刻，学生因为担心自己会在再次提问中回答不出来，也一定会更加关注课堂上其他学生的发言。

针对提问发言内容再度提问或开展生成性的追问，让学生更加关注学生的发言内容。

从不同的角度提问。在不同的时间，重复提问同一个问题。如针对某个定义，可以在新学的时候提问，也可以伴随着学习的进程即时提问，也可以在进行课堂小结的时候，再度提问。不同的时间，重复提问，可以加强学生的记忆，而且也可以不断深化认知。

针对第一想法与最佳想法开展提问。关于对某个问题的第一想法，不同的学生往往会有不同的答案。

"看到这个题目，你最先想到的方法是什么？""经过刚才的交流，你认为解决这个问题的最佳想法是什么？"

其中自有无限天地。

针对学习感受提问。

让学生谈谈自己的课堂学习感受，并不是只为了检查三维目标的达成情况，更为重要的是帮助学生在回忆与思考中，更加准确地定位自己的学习状态。

分层次提问，给不同的学生留下更多交流的空间。

关注更多的学生，让每一个学生都获得成功，类似的理念我们都不缺乏，我们也都有这个意识。但并不是人人都有这个行为，尤其是到了课堂上，我们未必能够关注更多的学生。

在此结合课堂练习，谈谈关注更多学生的策略：

一个题目，可以同时邀请多位上到黑板上解题，可以利用前面的黑板，也可以使用后面的黑板。

如果在前面黑板安排 4 位同学，在后面黑板安排 4 位同学，那么这样一次就可以安排 8 位同学；等到这些同学完成题目回到座位上，可再安排另外的 8 位同学到黑板上批改，这样一个题目，我们就可以关注到 16 位同学。

如果在学生练习期间，我们把注意力从黑板上移开，转移到下面练习的同学中间，拿起红笔，即时批阅学生的练习，按照批阅 10 位同学的作业计算，那么，在解决一个题目的过程中，我们就可以关注到 26 个同学。

如果教室内具备视频展示台，那么当黑板上的点评结束，我们完全可以再展示部分学生的作业，按照 4 本作业计算，这样，一个习题，我们已经关注了 30 个学生！

如果在课堂上，我们安排两个练习的话，我们就可以关注 60 人次，长此以往，我们的学生怎么能够不喜欢数学呢？

我们的成绩如何能够不上升呢？

实际应用过程中，还可以改变一种方式，从"你是怎么思考的?"转变到"你们是怎样想的?""说说你们交流之后产生的想法"开始，将点对点的提问，改变为点对片的提问——

"你是怎么想的?"课堂提问的时候，我们常常习惯性于直接向学生个体提问，学生发言的时候，也往往只是站立在自身的立场参与学习交流。

这种点对点的提问，存在这样一些问题：

效率低下。每个学生都渴望得到老师的认可、同学的欣赏，可是，这种点对点式的提问，只能够满足一个学生的学习需求。

混淆共性问题与个性问题。需要在班级范围内探究与交流的问题，至少应该是此刻班级内的部分同学身上的共性问题。而且这些问题，确实需要经过班级范围的交流，才能够得到解决，或者这些问题更需要引起更大范围的关注。

单独的点对点的提问，很容易把只属于这个学生的个性问题，直接呈现到全班面前。当然，将个性问题呈现在班级范围内，也没有什么不好的地方，问题是，许多时候个性问题，不需要在班级范围内交流，只要与学习同伴简单交换意见就可以解决。

容易将教师置于尴尬的境地。即使我们备课准备得再充分，也无法完全准确预料每一个学生的提问。利用点对点的提问，将问题一步到位地呈现到班级，容易使教师措手不及。

容易加大学生之间的差异。在没有经过一定交流的情况下，面对问题，容易形成思维障碍。而且对于没有经过自己思考的问题，也不容易引发学生的兴趣。

不利于合作学习的诞生与发展。

因此，我建议在课堂提问的时候，改变一种方式，从"你们是怎样想的？""说说你们交流之后产生的想法"开始，将点对点的提问，改变为点对组的提问。

教师把问题抛给学习小组，学生带着任务参与小组交流，教师提问以小组为单位，学生发言也代表着一个学习小组，这样，不仅可以有效地改进上面的问题，而且还可以实现大班额环境下的小班化管理。

当问题经过个人思考——小组合作——班级交流——教师归纳、升华等环节之后，课堂学习组织中的环节各部分能够都得到了发挥，那么班级学习的效益，也必将得到最大可能的提升。

另外，以下方面的提问方式也往往能够收获比较好的课堂效果：

导入新课时可用引言式提问。例如，在教学吴晗的《谈骨气》时，以两问导入新课："有骨气的仁人志士都能流芳百世，那么何谓骨气？怎样才算有骨气？"

讨论时可用质疑式提问。"作者着重选择了哪几个典型事例论证'我们中国人是有骨气的'这一中心论点？"

赏析文章前可用悬念式提问。例如，教学《孔乙己》一文时，可先提问："孔乙己有脚吗？"

朗读课文前可用联想式提问。例如，在上作者胡绳梁的《马来的雨》时，教师可以事先让学生联想一下自己经历过的雨天是什么样的一种感受？回忆一下作者朱自清的《春》里的雨又是怎样的？然后还可以借助世界地理的知识想象一下位于热带的马来西亚的雨会是什么样的？经过这样一连串的联想式提问，再来让学生读《马来的雨》就会别有一番兴致了。

小结时可用评析式提问。例如在上作者史铁生的《合欢树》时，教师在进行小结时，可以这样提问："合欢树的名字是多么吉祥和吉利，但是请同学想想看，当母亲和我合家共处时，真的欢乐吗？作者给这篇文章这样命名有什么样的用意呢？"

五、分层展示、合作互助的课堂提问策略

在课堂学习过程中,学习优势者与成绩优秀、与人们眼里的好学生,并不是一个完全等同的概念。任何一个学生都可能在某一个学习任务中,处于学习优势的地位。只要在当前的学习情境中,某个同学率先解决了问题,那么这个同学就是当前学习任务的1号,也就是当前学习的学习优势者。

为了促进同学间学习竞争氛围的形成,可以把全班学生分成8个小组,每个小组均设立一个常务1号,代理小组日常事务。但是,在课堂学习过程中,真正的1号永远是当前学习情境的学习优势者——其小组内最先完成问题的那个学生!

比较各组1号的学习成果以及解决问题所使用的时间。

使用学习优势者身上的资源,首先应该让学生身上形成可以利用的资源。可先确定8个学习优势者:让8个小组各自产生自己的1号资源。每个小组1号的学习资源,经过老师鉴定。

各组1号学生,分别帮助各自小组的2号同学,然后与2号同学协商评价标准。

等待各组1号、2号资源形成之后,学习进入互学帮助阶段。每个小组的学习优势者,1号、2号,分别帮助指导本组中学习仍然存在困难的学生。

在一个规定的时间内,可以分别抽查各个小组的某一个同号资源,比如4号,让他们分别到前后黑板前,完成与刚才学习情境相似的问题。

如果黑板前的那个学生遇到困难,或者解答错误,那么本组成员不得代替。唯一解救的方法,就是本组的其他同学全部正确地解决这个问题……

六、激活学生思维的提问策略

常态教学环境下的提问,往往是教师提问,学生回答。

不知我们是否想过:我们设计的问题,是否真的符合学生的需要? 这个被提问的学生所急待解决的问题是否就是我们所提问的问题?

提问,可否逆转为:学生提问教师回答。

在学习过程中,任何一个学生都会遇到诸多困惑,如果这些问题能够在有效的帮助下得到

及时解决,因问题积累而形成的学习困难学生一定会降低到最低限度。

不知我们是否敢于这样尝试?

师:你有哪些不明白的问题或者你有哪些不会做的题目,现在可以向老师提问。

在教师提问、学生回答场景下交流的话题,有利于教学预设的达成,但不利于学生个体的自由发展。

在学生提问、教师回答场景下交流的话题,有利于学生的个性发展,但对于教师的传统备课来说,则是一个极大的挑战。更富有成效的学习,应该是在学生提问、教师回答的环境中诞生!

也许有些老师担心:如果学生没有问题怎么办? 如果学生真的没有问题提问,那么创设情境引发思考,就成为当前教学进程中的首要问题。不是学生没有问题要问,而是我们在过去的教学过程中,没有萌发让学生提问的意识。每一个学生在学习过程中,都有许许多多的问题。问题是,我们有没有意识把这些问题激发出来?

后记

课堂教学提问是师生交流最基本的手段和途径,是课堂教学的有机组成部分。德国教育家第斯多惠曾说:"教学的艺术不在于传授知识量的多少,而在于激励、唤醒、鼓励学生持续的有意义的学习。"正是因为有这样的共识,所以在课堂教学的实践过程中,教师总是会根据一定的教学内容,设置一系列的问题情景,引导学生思考或回答与当堂课密切相关的内容,并由此积极发展学生的思维,同时有效地促进课堂教学在预设之外的增值。

　　有效的课堂教学提问,往往能轻松地引导学生真正融入课堂教学所创设的氛围中来,激发他们探究问题的兴趣,帮助他们真正成为学习的主人,同时以此也可使整堂课的教学活动取得事半功倍的效果。但是,正如爱因斯坦所言,"提出一个问题往往比解决一个问题更重要",所以课堂上如何设计和运用有效的提问,就成为摆在每一位中小学及幼儿园老师面前的一个常谈常新的话题。

　　《有效课堂提问的22条策略》在系统综述国内外有关课堂教学提问经典理论文献的基础上,积极吸纳了课堂教学提问观察分析技术研制以及专题课例研究的新近成果,同时分学科地筛选进了大量课堂教学实践的鲜活经验,以期让广大的一线教师通过本书的浏览可以把握课堂教学提问这一话题研究与实践、国际与国内的概貌。

　　《有效课堂提问的22条策略》一书由上海市教育科学研究院教师发展研究中心的胡庆芳博士策划,并负责整体的框架设计、章节作者的组织联络以及最终的统稿合成。具体的章节分工如下:

　　第一章由广东省珠海市拱北中学的李爱军老师编写;第二章由上海市嘉定区教师进修学院的教研员孙祺斌老师撰写;第三章第一节由上海市教育科学研究院的胡庆芳博士撰写,第二节由浙江省杭州市余杭区塘栖二中的耿雁老师、树兰中学的王玲老师和临平三中的祝小华老师负责整理;第四章由华中科技大学图书馆的刘文艳老师编写。

感谢华东师范大学出版社的彭呈军先生对我们书稿的认可及有益建议！同时也感谢《中小学外语教学》、《上海教育科研》等杂志对书稿部分核心成果的采用发表！同时还要感谢书稿中部分经验案例的原作者在教学过程中卓有成效的实践探索,给书稿增添了许多惊艳的亮色,并在此期望有机会就共同感兴趣的实践问题一起开展合作与交流！

我们期待本书的出版可以成为促进广大中小学及幼儿园教师精彩演绎课堂教学提问的一本参考指南,同时也期待正在阅读这本书的专家和同行多与我们联系,并给我们提出宝贵的意见和建议,Closetouch@163.com 永远期待您智慧的声音！

胡庆芳

2014 年金秋于上海